ひとり副業で月13万円

ぱる出版

はじめに

本書では、MNPやせどりを中心に、様々なスマホビジネスの手法、ネットビジネスのやり方を紹介します。「ひとり副業」と題している通り、原則ひとりで、そこまで時間を取られることなく、月収を安定的に増やしていくというやり方が書かれているとご理解ください。読者の皆様に再現していただけるように、できるだけわかりやすく、図を交えながら説明していきます。その前に初めにお伝えしておかなければならないことがあります。

本書には私が取り組んだこと「のみ」書いています。

やったことのないものは一切書いていません。

「こんなやり方があるらしいよ、試しにやってみれば?」というスタンスはあまりにも無責任です。むしろ読者の皆様が私以外の方法でお金を稼いでいるのであれば、それが1円であっても尊敬に値します。取り組んだことを余すところなく、成功も失敗も含めて書かれているものにしたいと思います。成功したならマネしてもらえればいいですし、失敗した部分は、あなたの代わりに私がエラーを踏ませていただいたということです。
また、ここに書いてある手法を必ず全部やらなければいけない、というわけではないです。それは、読者の皆様の状況によっては、すべてに手を出すとうまくいかないこともあるからです。当初、この本を執筆する構想段階では、MNPのことのみを詳しく書こうと決めていましたが、**今回は思い切って私の知り得るすべてのビジネスをここに著します。**

私が今まで実行したことで稼いだ金額は、控えめに言って月13万円。ホントは1年で1500万円です（税引き前）。同じようにやっていけば、本業、副業関係なく稼いでいけると確信しています。全部をやらずに、少しずつ取り組んでいってもいいのです。

まず1章では私がネットビジネスを始めたきっかけと、ノウハウを獲得するまでの経緯をお話しします。2章では**MNP**という手法を使って利益を出す具体的な方法をお伝えします。3章では、2章で手に入れた元手で**Amazonでの物販**を始めて、利益を出したことと、その手法を書いていきます。4章では、Amazon物販が軌道に乗ったころ、師匠にアドバイスをされて始めてみた**コンサル**について述べていきます。5章ではAmazonの物販アカウントを売却する、「**サイトM&A**」を行い、物販ビジネスからの脱却をするまでの流れを書いていきます。最後にいろいろなことに取り組んだ結果得られたものや、今後のスマホビジネス、ネットビジネスについての未来を私なりにまとめていきます。

この書を手に取った多くの人が、この2021年現在、いまだ収まる気配のないコロナ禍において、「少しでも収入を得たい」「現状を変えたい」「会社を辞めたい」「自分で稼ぐ力を付けたい」――。そう思っていることでしょう。そんな方たちへの力になれればこんなに嬉しいことはありません。

稼ぐ準備はできていますか?

それでは、いってみましょう!

2021年　5月

みすと

目次

2章　MNPで利益を出してみる …… 37

3章　せどり（Amazon販売）をやってみる …… 93

CONTENTS

※本書の内容は執筆時点での情報になります。法制度の改正により、やり方を変えていく必要が出てくる場合があります。

1章

ネットビジネスを軌道に乗せるまで

ブラック企業勤め、妻子を持ちながら無収入に転落

☆ネットビジネスの始まり＝暗闇からの脱出

「ネットビジネス」という言葉を耳にすると、「怪しい」「詐欺が多い」など、まだまだネガティブな印象を受ける人が多いのではないでしょうか。今、この本を読んでいるあなたも「ネットビジネスで1億稼ぐ！」「月収100万をネットで稼いだ！」のようなキャッチコピーを一度は目にしたことがあるはずです。

確かに、1億稼げれば人生は大きく変わるでしょうし、月に100万儲かれば、どんな生活になるのかとワクワクしますね。しかし、本当にそんなに稼ぐことができるのでしょうか？　怪しい話や詐欺も後を絶ちません。

「必ず儲かるから即決しましょう！」「何？　お金がない？　クレジットカードで分割やキャッシングすれば大丈夫。来月には元がとれますよ！」

なんて言われたら、怪しいニオイしかしません。しかし、それに騙されて大金を払う人も多くいるのです。そのように人を騙して荒稼ぎしている人のことも知っています。

私は、そんなネットビジネスを始めてみたい人の不安を取り除き、騙されないようにして欲しいという思いと、何よりも多くの人に「稼いで成功して欲しい」という願いから、私のこれまでの経験と手法をまとめてお伝えしようと決めました。この本の内容は、インターネット上で、私が5万～30万くらいで販売しているものです。それを一般的な書籍の価格で販売しよう、というわけです。

私は大学卒業後、教育関係の仕事に15年ほど就いていました。よくある話ですが、いわゆる「ブラック企業」だったのでとても疲弊していました。教育業界で働くということにやりがいは感じていましたが、年間に休みがほとんどなかったのです。そして職場の人間関係で体調を崩し、休職せざるを得なくなってしまいました。ちょうど2番目の子が生まれたばかりでした。私が無収入になってしまったことで、奥さんに大変な心労をかけてしまっていました。

このままではわずかな貯金は2か月後には底を突き、一家が路頭に迷ってしまう。そんな状況で、家で療養しながら、無理せずにインターネットで稼ぐことはできないかと考えました。

ここまではよくあるパターンです。書籍に限らず、ブログやＴｗｉｔｔｅｒなどでも、「借金１００万円からの、月収２００万！」「うつ病から脱出し、今では不労収入月50万！」などのストーリーを綴っている人がとても多いです。みんな、暗闇からの脱出を夢見てインターネットビジネスや副業を始めようとするのです。

副業に手を出すも、ことごとく失敗

☆情報がありすぎる&お金がなさすぎる

「スマホ　稼ぐ」「インターネット　副業」

こんなワードでＧｏｏｇｌｅ検索したことがある方も多いのではないでしょうか。本当に玉石混交の情報が大量に転がっています。簡単ですが、私が調べてみたものを紹介しますね。もちろん、このやり方で大成功している人もいますし、実際に会ったこともあります。私自身、一度はあきらめてしまいましたが、後々になって稼ぐことができた方法もあるのですが、それは別の章でお話しします。

□アフィリエイト

自分のブログサイトやホームページで商品を宣伝し、そのページを見たり実際に購入・契約したりする場合に報酬が支払われるインターネット広告の仕組みです。人気がある閲覧数の多いブログなどを作って商品のリンクを貼っておけば、勝手に儲かっていく仕組みができ上がります。しかし、私にはブログの作り方がわかりませんでした。それにブログのネタが思いつかないし、時間をかけても商品を買ってくれなければ意味がないですから、すぐに結果が出ないなと考えてやめました。**じっくり自分のサイトやブログを作りこむ情熱と、継続的に更新していく管理能力**があれば、成功できるビジネスだと思います。

□株式投資

上場している企業の株式を証券取引所で買って、上がったところで売る。その利ざやで収入を得るのが一般的な手法です。例えばA社の株を800円で買って、株価が1000円に値上がりしたときに売れば、200円の儲けになるわけです（売買手数料が別途かかります）。

また、株式を一定の期間保有していると企業の利潤の一部を配当として受け取れたり、株主優待として企業の商品やサービス券を貰えたりというメリットもあります。

少し難しいかもしれませんが、「信用取引」という制度を使えば、証券会社から株を借りて、「株を売る」ということもできます。売った場合は必ず買い戻しをしなければいけないというのが信用取引の決まりなので、どこかのタイミングで「買い」を入れる必要があります。このやり方でも儲けられるのです。

例えば、A社の株を1000円で売って、株価が800円に値下がりしたとします。普通ならそこで損をしてしまうのですが、信用取引では1000円で売って800円で買ったことになるので、200円の利益となるのです

当時の私はもちろん信用取引ということを知らなかったですし、株を買うにはある程

度まとまったお金が必要になります。

例えば、ソフトバンクグループの株価は1株10000円くらいです。1株から買うことも不可能ではないのですが、基本的には100株という単位で買わなければならないのです。すると単純計算で100万円という大金が必要になります。そんな元手を捻出できるわけがありませんでした。また、勝手なイメージですが、デイトレーダーと呼ばれる株式投資で生計を立てている人のように、一日中モニターに張り付いて株価を見守りながら売買を行うということが、自宅でできる気がしませんでした。家族の視線も気になりました。もともと体調不良で仕事をお休みしている亭主が、いきなり株を始めようとしたら、私が奥さんなら全力で止めることでしょう。

株式投資にはこんな格言があります。「**命金（いのちがね）には手を付けるな**」これはあくまでも余剰資金で投資を行うべきであるという教えであり、生活費そのものを削って行ってはならないという戒めです。ある程度資金に余裕がある人に向いているビジネスではないでしょうか。

□ＦＸ

海外の為替の変動を見て円とドル、円とユーロ、などの通貨を売買することです。わかりやすくするために単純に書きますと、１ドル＝１００円のときにドルを買い、ドルが１０５円になったときにドルを売れば、５円の利益になります。ＦＸのプロの方がお読みになっていたら、無茶な表現だとお叱りを受けるかもしれませんが、理屈としてはこの通りです。

また、チャートというグラフを見て分析し、戦略を立てて売買するというのが当たり前の世界です。きっとそのことを勉強するまでに私はたくさん負けるでしょうし、何か理系めいた言葉もたくさん飛び交っていて、ド文系の私には無理だと、マインドブロックしてしまったのです。

後で知ることになるのですが、「**レバレッジ**」といって、自分の持っている資金の何十倍、何百倍という単位で取引ができて、勝てば一気に**大金持ち**ですが、負ければその負けた分を補填するために**お金を支払わなければいけない**のです。もしそのようなことになったら家族を養うどころか一家離散の憂き目に遭うに違いありません。**ギャンブル**みたいなものだと捉えてしまいました。

ギャンブルといえば、休職中に息抜きでドラゴンクエストというゲームをプレイしていたことを思い出します。ドラクエは、冒険の途中でカジノに寄り道して遊ぶことができます。私はカジノで遊ぶとき、教会でいったんセーブをしてからカジノに行きます。カジノでは全額を一発勝負でスロットマシーンやポーカーで賭けます。勝てばさらに増えた分も全部突っ込み、大勝ちしたところでやめます。逆に負けた場合はいったんゲームの電源を切り、セーブしたところからやりなおして、もう一度カジノに向かいます。負けたら電源オフ、勝てば全ビット。勝つまでやり続けます。

そうこうしているうちに、本来は悪の魔王を倒すのが目的の勇者が、「宵越しの銭はもたないインチキ博徒」に変わります。気づけば本編のストーリーそっちのけでカジノに入り浸っているのです。

つまり、負ければすぐにカッとなってしまって、大金をかけて取り戻そうとして、結局すべてを失うという未来を、ドラクエが教えてくれました。私がＦＸをやっていたら、最初は低いレバレッジで行っていても、負けたら高レバレッジで勝負に出てまた負ける……。そんな気がしていました。

人生にセーブや電源オフは使えません。だから、手を出さないことにしました。FXは冷静に感情を交えず、しっかりと分析して資金管理できる人が向くビジネスだと思います。

結局は何を始めるにしても、元手が必要で、利益を出すまでには相当な時間がかかるのだなということを学んだのでした。そこで、自己資金が全くない状態でも何かできないのかという情報集めに移行しました。

☆物販ビジネスを始める

低資金で始められて、リスクの少ないビジネスはないものか――。

調べているうちにこんな情報が目に留まります。

「ヤフオク（ヤヒーオークション）を使って低資金で仕入れ利益を出す！」

「元手のかからない転売ビジネスで月●●万！」

「無在庫副業せどりで月[redacted]万を安定して稼ぐ！」

などと書かれた記事でした。「物販ビジネス」といわれるものです。「低資金」に「無在庫」なんとも魅力的な言葉です。次第に興味を惹かれていきます。とくにヤフオクはできそうな気がしていました。なぜかというと、一度だけ大儲けしたことがあったからです。

今から5年くらい前です。亡くなった祖父の遺品を整理していたら、たくさんの一眼レフカメラとレンズが発見されました。祖父の趣味がカメラで、祖父の撮った私の七五三の写真が今でも実家に飾られています。「今はデジカメの時代で、誰も使わないから処分しよう」と母が言ったので、それなら買取をしてもらうほうがいいのではと考えました。

その夜、買取業者を調べようとスマホを握ると、ふとひとつのアイデアが浮かびました。始めたばっかりのヤフオクで祖父のコレクションを一個だけ出品してみることにしたのです。たくさんある中から、一番大きなレンズでピカピカしたものをピックアップしました。ＰＥＮＴＡＸというメーカーでした。値打ちもわからないので、１０００円なら売れるかなと、軽い気持ちで写真も適当に撮って出品しました。買取業者に売っても二束三文で買いたたかれるのは想像していたため、少しでもお小遣いの足しになれば、という気持ちでした。

すると、すぐに入札がありました。ヤフオクはどんどん値段が上がるシステムなので、一晩の間に**1万**を超え、**2万**を超え、あっという間に**5万円**になりました。また、入札した方からの質問もたくさん来ました。

「レンズにカビや曇りはないでしょうか？　写真を追加でください」

カビ？　曇り？　どうやって見るのかわからなかったので、質問者に質問を投げ返すと、カビや曇りの確認方法を教えてくれました。入札した人はこうも付け加えました。

「そのレンズは、おそらくあなたが思っているよりも大変希少で貴重なものです。よく状態を見て念入りに確認してください。何としても欲しいのです。」

オークション終了の一週間後、結局はその方が**12万円**で落札しました。一度は処分しようと思ったレンズが、大金に化けた瞬間でした。

びっくりした私は、他の祖父のコレクションも売り、**総額約30万円**を手にすることができました。そのお金で家族とディズニーランド旅行をしたことはいい思い出です。

☆そんなに甘くなかった

そんな甘い記憶が蘇り、「ヤフオクをうまく使えばお金を稼げるかもしれない」と根拠のない自身が生まれました。商品を家電量販店やショッピングモール、古本屋などから安く仕入れて高く売る。そういった人を「せどらー」と呼びます。「せどりをする人」という意味で「せどらー」です。せどりは漢字で「糶取《せど》り」と書きます。お米の競りや行商から生まれたという説があります。

私も「せどらー」になろうと決めました。「そのへんのリサイクルショップで安く売られているお宝を探して、高く売れれば儲かるかも知れない。これはいけるぞ……！」

さっそく私はHARD OFFやBOOK OFFなどの本やおもちゃ、家電などを、できもしない「目利き」で買ってヤフオクで出品してみました。――誰も入札してくれませんでした。

根拠がないのですから、当たり前ですね。売れる気がするだけでは全く売れないのです。そして結局、最初の課題にまた直面します。やっぱり**軍資金がない**のです。月のお小遣い2万円でやりくりして、私が自由に使えるお金はへそくり口座に10万円もなかったことを記憶しています。

あとで詳しく話をしますが、10万円はせどりを本業（副業）にしている人なら、1日で軽く使ってしまうような額です。そんなわけで、私の虎の子のヘソクリ10万円は売れもしない、誰も買わないおもちゃや古本に消えてしまいました。

☆Twitterで詐欺まがいに遭う

この状況をどうにかせねば……。私はTwitterで情報集めをすることにしました。Twitterはいまや、ただの「つぶやく」ツールではなく、様々なビジネスが成り立つ場になっています。俳優やアイドルは出演するドラマを告知するし、ミュージシャンはライブのチケット販売サイトのリンクを貼っています。読者の皆様の中にも、好きなタレント、アーティストなどをフォローしている方もたくさんいるでしょう。

そんな有名人だけでなく、ネットビジネスで稼いでいる人もTwitterを使っています。アフィリエイター、ブロガー、株・FXトレーダーなど、それぞれのスキルに長けた人が、**ビジネスの場として使っている**のがTwitterなのです（もちろんInstagramやFacebookもです。）

私はまず「せどり」「せどらー」「転売」「儲かる」などで検索をしてみました。すると、写真で買い物カートいっぱいにおもちゃを積んでいる人が「ドン・キホーテで仕入れ。これで●●万の利益！」とツイートしています。「これはすごい情報だ」と思った私はすぐさま近所のドン・キホーテに車を飛ばします。が、全然目当ての商品が見つかりません。

こういうツイートにはからくりがあります。利益の取れる商品をＴｗｉｔｔｅｒのように誰でも見られる環境の下に乗せると、一斉にライバルが群がってそれを販売し、結果的に販売する値段も下がってしまうのです。

では、そのツイートした本人は儲かっているのかというと、ほとんどの場合がＮＯです。

（もちろん、成功している私の仲間もたくさんいますが）

「カートいっぱいに商品を乗せた写真」だけを撮って、さも利益が出ているかのように装い、フォロワーを増やします。客寄せのために写真を撮るわけです。ある程度フォロワー数が多くなったタイミングでその発信者はこういうツイートします。

「今まで私が月●●万を稼いだせどりの秘訣を教えます！ＤＭください！」

このようにして、ツイートを見た人が直接連絡を取ってくるように仕掛けていきます。Twitter上の仲間にもリツイートしてもらって「この人に教われば間違いない！」などと煽り立てて、大々的に集客していきます。締め切り期限や限定人数を設けているのも特徴のひとつです。「●日23：59までで締め切ります！」「限定5名ですが、枠があと1名になりました！　お急ぎください！」といった形で急がせます。

情報を得たい初心者はDMで連絡をとります。DMの返事は締め切り期限を過ぎた3日後くらいにやっと返事がきます。待たされているので、渇望状態になっています。すぐにでも指導を受けたいという気持ちに、なぜかなっていきます。電話で少し話しましょう、とアポを取って電話をします。

そこではまず、だいたいの自己資金額と、クレジットカードの枠がいくらあるかを聞かれます。その後「全力でサポートします！」。安心してください！」。稼ぐ人はすぐに即決しますすよ。クレジットカードで分割でもいいじゃないですか？　すぐに資金回収できます！」という感じで熱くセールスをかけられます。「必ず稼げる！」と言われてそこで怪しいと引き返せればいいのですが、やってみたくなる人は少なくはありません。「では申し込みます！」ということで初めてコンサル費の提示があります。30万円～60万円程度が相場です。188万円という額を見たこともあります。

こうして、コンサルが成約していくわけです。そのコンサルに申し込むには現金やクレジットカードでの決済が必要です。契約書などはありません。決済すると、ｗｏｒｄで適当に書いた「マニュアル」がメールで送られてきます。中身はほとんどありません。「お店の隅々までよく回りましょう」「ＴＳＵＴＡＹＡが意外と穴場です」「仕入れた商品はきれいに掃除して写真を撮りましょう」など、ネットでも得られる情報しか書いていないのです。質問用にメールアドレスが書いてあるのですが、何日も経ってから返信がきて、「マニュアルをよく読んでください」というような冷たい内容でした。詐欺に遭ったようなものでした。

結局は稼ぐことができずに、またコンサル費を受け取った側も稼がせることをせずにお金が情報弱者から情報発信者へと流れていくのです。

とてもリアルに書かせてもらいましたが、本当の話です。なにしろ**私の実体験なのですから。**軍資金がなかったにもかかわらず、クレジットカードで分割払いにして、そのときは30万のコンサル費用を払いました。**その支払いに当分苦しみました。**何よりも、虚無感が自分を襲いました。詐欺だと訴えたくとも、契約書や、相手の所在地すらわからないのです。

師匠との出会いが人生の転機に

☆師匠との出会い

ほとんどの資金を無くして——というかマイナスになり茫然としていたとき、ぼーっとＴｗｉｔｔｅｒを見ていたら、あるツイートが目に留まりました。

「ネットビジネス系の情報交換できる無料グループって作ったら需要あるかなー？」

これがのちに私のネットビジネスの師匠となる方との初めての出会いでした。何しろ無料というので、藁にもすがる思いですぐに「ぜひグループに参加させてください！」

と連絡をすると、1分も経たないうちに、「ラジャー！」というフランクな返信と一緒にLINEグループの招待リンクが送られてきました。

そのLINEグループにはたくさん、同じように「ネットビジネスで稼ぎたい！」というような人がいました。グループ内では活発にやりとりが行われ、その師匠は基本的には何でも答えてくれました。ある日、そのグループの中でせどりの超初歩的な勉強会が行われることになりました。その手法は誰でもできそうな再現性の高いもので、その日はずっとスマホを見ながら、「これなら私にもできそうだな」と確信しました。翌日、さっそく実践してみることに。

すると、**その日のうちに仕入れた商品が15点売れて、1日に5000円稼ぐことができました。**この成功と興奮は今でも忘れられません。

私のその狂気的な活動量に、師匠は何か感じたものがあったのかもしれません。私にコンサルの提案をしてくれました。

「私は普段は勧誘を絶対にしないんです。プッシュ型の営業はしない主義なのですが、よかったら私のコンサルを受けてみませんか？」

プッシュ型の営業とは、販売側からガツガツ営業をかけていく方式です。もちろんそのほうが売れる可能性は高くなるとは思いますが、一方で少し引いてしまう人もいるのではないでしょうか。少しおしゃれな洋服屋さんに入って、店員さんが積極的に声掛けしてくれるのは、向こうも商売ですからわかりますし、店員さんと楽しくお買い物とトークができる人ならそれはいいかもしれません。ですが私はそういう雰囲気は少し苦手なタイプの人間です。師匠もそんな人らしく、自分からはあまり営業をかけない方針でビジネスをしていました。

とにかくネットビジネスに詳しく、すぐにＬＩＮＥで返事を下さって、とても勉強になって、稼ぐこともできました。しかもこれまで無料です。この方なら指導を受けたいと強く思いました。

しかし、正式にコンサルを受けるとなると、お金が介在します。

値段を聞くと30万円――。

奇しくも先述のほぼ騙されたに近いコンサルと同額でした。

クレジットカードは限度額に近く使えない上に、師匠は現金主義なので、振込するためのお金が必要でした。私は、昔趣味でやっていたベースやギターなどを売り払い、10万円を作り、さらに母に頼み込み20万円借りて支払いました。このとき、祖父のカメラコレクションを売ったお金があったらなぁと強く感じたことを覚えています。前のコンサルに引っ掛からなければとも……。

☆弟子入り後の信じられない言葉

師匠は支払いの確認をしたあとに、信じられない言葉を口にしました。

「このいただいたお金は今月中に稼いで原資回収してもらいます。」

言っている意味がわかりませんでした。給料でも手取り30万になったことがないし、必死で（内緒で）捻出したお金を1か月で稼げるわけがない。この人、頭がおかしい……。

ですが、師匠はその方法を教えてくれました。

それが「ＭＮＰ」で稼ぐという手法だったのです。

ＭＮＰビジネスに出会う

☆ＭＮＰ（モバイル・ナンバー・ポータビリティ）で稼ぐ？

「ＭＮＰ」とは、自分の電話番号を変えることなく携帯電話の会社を乗り換えることを言います。モバイル・ナンバー・ポータビリティを英語にした頭文字をとっています。

このＭＮＰを利用して稼ぐことができますが、なかなかイメージが湧いてこないですよね。スマートフォンがこれだけ世の中に普及した昨今、新たに契約をするということが携帯各社とも難しくなってきています。この事業を継続していくにはユーザーを増やしていかなければなりません。したがって各社とも、**他社から乗り換えてくれる（ＭＮＰを行う）ユーザーをスマホ代の割引やキャッシュバック等で優遇する**風潮にあります。

また、「2年縛り」といった言葉があるように、ユーザーを縛り付けて、解約する際に多額の手数料を取る商法がかってはありましたが、２０１９年の10月に政府からの規制が入り、解約金を１０００円程度にするという状況になっています。今はＭＮＰがしやすいのです。（2021年現在は解約金が0円です。）

☆双方にとってニーズのあるビジネスがMNP

携帯大手3社は全国の数多くの代理店と販売契約しています。数の差は地方によって違いますが、ひとつの市区町村にひとつはドコモショップがあると思います。そこで働く人はｄｏｃｏｍｏが雇っているわけではなく、オーナーが経営している代理店の従業員です。コンビニエンスストアをイメージするとわかりやすいかもしれません。各店舗で働いている人はオーナーを筆頭に地元で暮らす人が正社員やアルバイトとして働いています。本社から店舗に行っている人はほとんどいないでしょう。

そんな**代理店の従業員が稼いでいくためには、ノルマを毎月こなさなければなりません。**「ｉＰｈｏｎｅを月に10台契約」「新規や乗り換えのお客様今月中に5人獲得」などのきついノルマがあります。かつ、無理やりお年寄りをだまして契約をするようなことはしてはいけないと、「コンプライアンス遵守」が徹底されています。

例えば、あるお店がｉＰｈｏｎｅを月に20台売らなければならないのに、10台しか売れなかった場合、そこのお店はｉＰｈｏｎｅを販売できなくなります。日本では「ｉＰ ｈｏｎｅを販売できない＝閉店」になります。これだけｉＰｈｏｎｅユーザーがいますので、イメージしやすいのではないでしょうか。

そこでお店は、営業を続けていくために、こちらからディスカウント交渉をせずとも、ｉＰｈｏｎｅ端末の代金を値引きし、良いときは0円で販売するというキャンペーンを始めます。原則として大幅な値引きでの客引きは政府が規制をしているのですが、３Ｇと呼ばれる折り畳み式の「ガラケー」端末からｉＰｈｏｎｅなどのスマートフォンの乗り換えには値引き額の割り当てを柔軟に行っています。それは**３Ｇケータイが近い将来使えなくなり、５Ｇという超高速通信の時代を国も企業も推し進めているからです。**

ここに**我々と販売店の双方に利益が生じます。**お店は、ＭＮＰの契約を取ることでノルマ達成ができ利益につながる。我々は、ｉＰｈｏｎｅなどのスマホを安く手に入れて、高値で業者に販売することができるのです。まさにお店と契約者にＷＩＮ－ＷＩＮな立派なビジネスです。この手法で私は1か月で13万円を超える45万円を稼ぎ、それを元手にスマホビジネス、ネットビジネスの世界に入っていくことになります。

2章

MNPで
利益を出してみる

ＭＮＰで稼ぐための基礎知識

☆基礎知識その①　ＭＮＰとは？

はじめにこのＭＮＰという制度を簡単に説明します。ＭＮＰとは「モバイル・ナンバー・ポータビリティ」の略語になります。「**番号持ち運び制度**」とも呼ばれていました。

この制度が始まったのは２００６年の10月24日のことです。すでに15年も経っていますので、お持ちの回線をＭＮＰしたことのある方も多いの**ではないでしょうか。**

ｄｏｃｏｍｏからａｕやソフトバンクへ、またソフトバンクからａｕやｄｏｃｏｍｏへというように、携帯会社を自分の電話番号はそのままに乗り換えることができます。

乗り換えの際には、乗り換え元の携帯会社からＭＮＰの「予約番号」を発行してもらい、乗り換え先の会社に持っていって乗り換えをします。

乗り換えによるメリットは、番号が変わることで友人や家族、仕事の取引先などに連絡先を変更してもらう手間が省けることが一番ですが、家族間で同じ携帯会社を契約して、家族のグループを作ることで割引を受けられたり、家族内の通話が無料になったりなど、コストの削減にも役立つ制度でもあります。例えば、私が結婚したとき、私はａｕで、奥さんはｄｏｃｏｍｏと契約していました。奥さんはお義父さん達の家族グループに属していたため、結婚を機に一度抜けてもらって私とａｕの家族グループを作りました。

また、近年は「**格安ＳＩＭ**」という、安い利用料で回線を契約できる会社がたくさんあります。格安ＳＩＭとは、３大キャリアの余っている通信設備の回線を借りて通信事業を行っているため、アンテナなどの設備投資が必要なくなった結果、コストを抑えて利用者に通信回線を提供しているのです。

月額１０００円程度から使えるため、現在格安ＳＩＭを利用している人も多いです。費用が安く抑えられる代わりに、一定の時間帯や地域によっては通信速度が遅くなるというデメリットもあります。３大キャリアから格安ＳＩＭにＭＮＰもできますし、格安ＳＩＭから３大キャリアにＭＮＰもできます。

専門用語で、３大キャリアのように自前で通信設備を持つ事業者を「ＭＮＯ」（Mobile Network Operator：移動体通信事業者）と言います。一方、格安ＳＩＭのように自前で

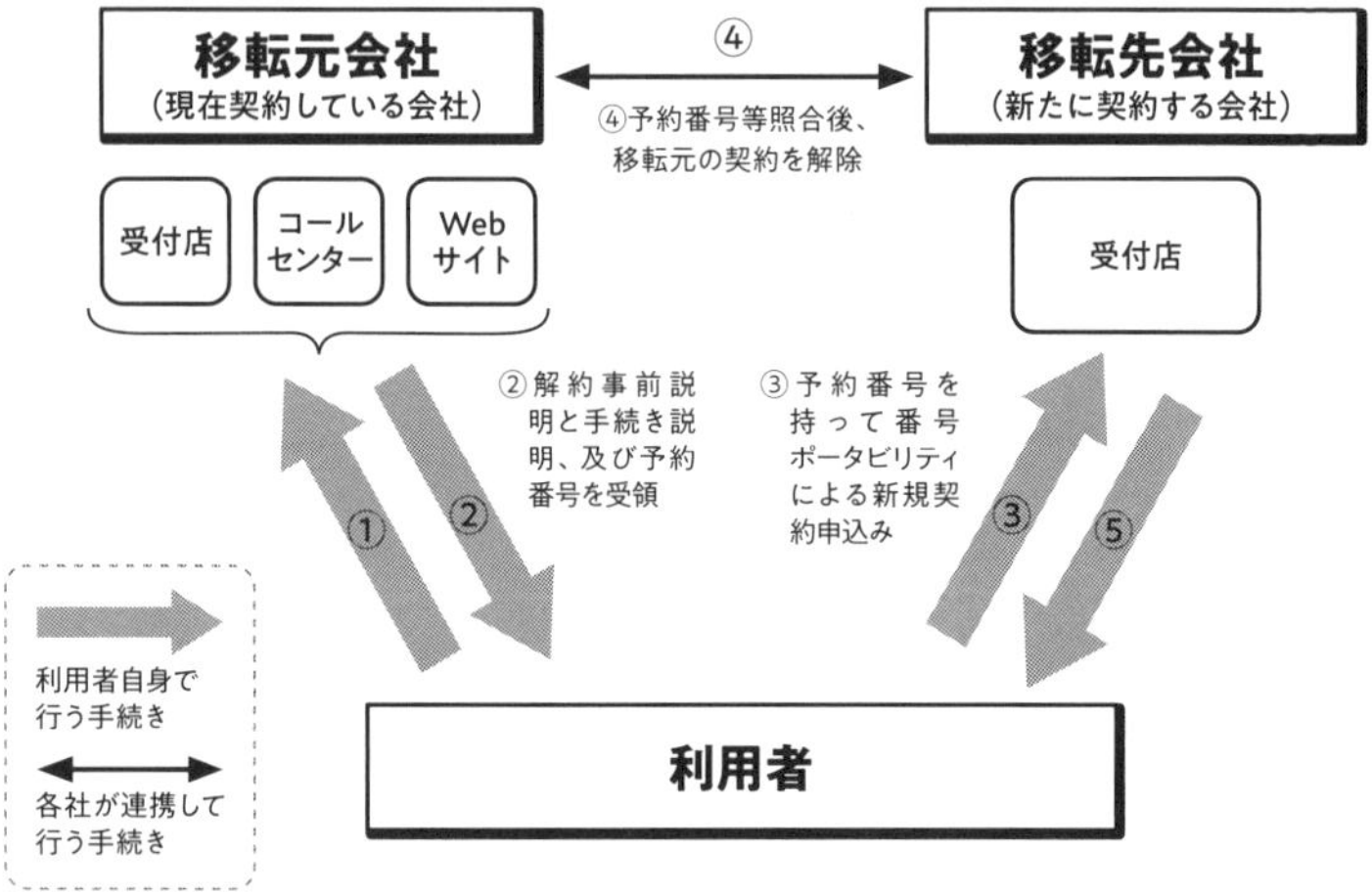

は設備を持たず、他の事業者より通信回線と設備を借り受ける形でビジネスを行う事業者のことを「ＭＶＮＯ」（Mobile Virtual Network Operator：仮想移動体通信事業者）と言います。

このように、自分の携帯電話の番号を変えることなく、たくさんの携帯会社から自分のニーズに合ったプラン選択ができるという制度がＭＮＰです。

ポイント
◆MNPとは、自分の電話番号を変えることなく通信会社を乗り換えることができる制度。
◆予算・割引・速度など、自分のニーズに合った通信会社やプランを選ぶことができる。
◆docomo・au・ソフトバンクの3大キャリアを「MNO」、その他「格安SIM」の会社を「MVNO」という。

☆基礎知識その②　SIMロック制度

日本でもすっかり定着したMNPですが、海外では日本よりも早くこの制度が取り入れられていた国が多くあります。また、海外ユーザーが携帯電話を所持しようとするとき、通常は電話回線の契約と電話機の購入は分けているそうです。

例えば、まずは自分の好きな携帯電話（スマートフォン）を購入します。iPhoneでもAndroidでも、自分のお気に入りの1台を携帯ショップや通信販売などで買います。そして、携帯会社と回線の契約をします。契約するときに、通信するために必要な「**SIMカード**」という小さなマイクロチップを購入して、回線を開通させます。

そのＳＩＭカードを、購入した携帯電話に挿しこむと、電話やインターネットが使えるようになるという仕組みです。携帯会社を変えたいときは、自分の持っているスマートフォンはそのままでＳＩＭカードのみを変えて、もともと持っていたスマートフォンに挿し直して使います。

日本で携帯電話を持つ場合は、どうしてもスマートフォンと電話回線を同じ会社で契約・購入するイメージが強いですね。それには理由があります。ｄｏｃｏｍｏ、ａｕ、ソフトバンクの３大キャリアは、自分のところで購入したケータイやスマートフォンを、他の会社のＳＩＭを入れても動かないように加工しているのです。

前述の通り、海外ではスマホにどの携帯会社のＳＩＭカードを挿しても通信、通話ができます。しかし、ソフトバンクで購入したケータイやスマホにｄｏｃｏｍｏのＳＩＭカードを挿しても、通信通話ができないのです。これを「ＳＩＭロック」と言います。なぜこのようなことをしているかというと、契約者を自分の会社に縛り付けておきたいからです。現在は国の指示により、ＳＩＭロックはしないようになりつつあります。（一括購入の場合）

ポイント
◆海外では携帯電話回線の契約と携帯電話機の購入は分けて考えられていることが多い。
◆日本では携帯回線の契約と電話機の購入がセットになっているイメージがある。
◆契約者を自分の会社に縛り付けておきたいという意図で携帯電話機には「ＳＩＭロック」がかけられている。その風潮はなくなりつつある。

☆ＭＮＰビジネスの大まかな流れ

ＭＮＰという制度やＳＩＭロックのことについておわかりいただけたことと思います。次にＭＮＰを行って利益を出すまでの大まかな流れについて説明します。スムーズにすべての行程をこなすには最短１週間、長くて３週間ほどかかります。平均10日くらいでこなせれば良いほうでしょう。

手順①　ケータイショップへ電話をして案件を探す
手順②　ＭＮＰできる回線を用意＆ガラケーの調達
手順③　お店でＭＮＰの契約をする

手順④　契約した携帯電話機を買取業者に売却する
手順⑤　回線の維持・解約（または再びＭＮＰする）

本書では３大キャリアの中でも比較的ＭＮＰが行いやすいｄｏｃｏｍｏの方法を中心にご紹介します。難しく感じるかもしれませんが、これから１つひとつ説明していきますので安心してください。

ＭＮＰで利益を出す仕組み

☆用意するもの

□iPhone

ＳＩＭフリーであることが望ましいです。今お持ちのスマートフォンがＳＩＭフリーのｉＰｈｏｎｅであればそれを使って構いません。Ａｎｄｒｏｉｄの場合は、フリマサイトなどでｉＰｈｏｎｅ６Ｓが６０００円程度で入手できます。

□ガラケー（2台）

メルカリなどフリマサイトで入手します。契約店舗によっては不要。通電できて、水濡れのないもの。細かな傷や汚れはあっても問題ありません。1000〜1500円程度で購入できます。

□クレジットカード

回線の契約時に使用します。ブランドはVisaやMaster cardなどで大丈夫です。

□身分証

運転免許証など、キャリア契約時や端末売却時に使用します。

□b-mobile購入パッケージ

Amazonより購入。MNPさせる回線を用意するために必要です。2個で3000円程度です。

☆利益を出すイメージ

支出は最初にかかる契約料と、一定期間回線を保持しなければならない回線維持費の合計になります。収入は携帯端末の売却代金、キャッシュバック・ポイント付与などです。この収入から契約料と回線維持費を引いた額が利益となります。**回線維持費は約6か月間、毎月発生します。端末売却代金をしっかり残しておきましょう。**

ひとりにつき1回にMNPできる台数は2台（docomoの場合）で、所有できる台数は最大5台までになります。また、約3か月はMNPができなくなります。そこで、ご家族に協力してもらう方法があります。2名以上で手続きできる場合は4台以上でMNPが可能です。**人数が多ければ多いほど、利益も増していきます。**

その場合は契約者が来店する必要があるので、身分証を持参して一緒にお店に出向きましょう。また、別居している家族も契約することが可能です。その場合は身分証の他に戸籍謄本等、家族関係を証明する公的な書類が必要になりますので、準備をしておきましょう。

		内訳	金額	備考
支出	b-mobile S	パッケージ	¥1,884	Amazonでパッケージを購入した値段を入力
		月額	¥2.148	1ヶ月分のみ
		MNP転出料	¥3,300	※2021 4月~無料
	docomo	事務手数料	¥3,300	初回の契約にかかります。
		端末購入(1台分)	¥0	iPhone11 256GB
		月額6.5か月分	¥7,007	複数回線でグループを組んだ利用料などを入力します。
		解約金	¥1,100	解約にかかる費用です。
	その他	ガラケー購入	¥1,500	持参する用のガラケーを購入した代金です。
		予備調整	¥0	家族に手伝ってもらった時の謝礼金などです。
	維持費合計		¥20,239	
	実施台数　2	総合計	¥40,478	
収入	買取業者	端末買取(1台分)	¥73,000	iPhone11 256GB
		CB	¥0	
		ポイント	¥0	
	販売収益合計		¥73,000	
	実施台数　2	総合計	¥146,000	

残すお金	¥40,478	金額	¥105,522

前頁図の利益計算表を見ていただければイメージがしやすいと思いますが、iPhone11を端末代金0円で購入し、一定期間回線を維持したのちに解約するので、そのランニングコストがかかります。

契約した端末は買取業者に買い取ってもらいますので、買取金額からコストを差し引いた金額が利益です。しっかり一定期間回線を維持して、しっかりと解約をしていかなければ、計算表通りの利益が出せませんので注意しておきましょう。解約をしていいのは契約から180日後です。日にちを計算し、手帳に書いたり、スマホのリマインダーに登録したりしておきましょう。

ケータイショップへ電話をして案件を探す（手順①）

☆ケータイショップで案件を探す

この案件探しが一番重要で時間がかかります。逆に、このタスクがこなせればあとは比較的スムーズに流れていきますので頑張っていきましょう。

大事なのは設定です。**ソフトバンク→docomoへMNPをする**という設定で話を進めていきます。

まずは、**ドコモショップに電話をします。**ソフトバンク回線の2台のガラケーでMNPを行い、docomoのiPhoneにすることを想定しています。電話での会話はこんなイメージです。

「**すみません。ソフトバンクからdocomoに2台乗り換えを考えていまして、折り畳みのガラケーからだと安いって聞いたのですが、iPhoneでお安くなっている機種はありますか。**」

iPhoneについては、最新機種よりはひとつ前の機種が安くなっていることが多いです。2021年の3月ではiPhone11、SE第2世代、XRなどがあります。
店員さんから、「今ですとiPhone●●が一括0円です。」などと返答があります。**0円から10000円より低い値段ならば利益が出せる可能性があります。**中には全く値引きのない店舗もあります。高額な場合は「検討します。ありがとうございます。」

と言って電話を切りましょう。
利益の出せそうな金額でしたら、次の確認です。
「契約時にガラケーは持参する必要がありますか？」

今回は3G（ガラケー）からの乗り換えで、回線維持費を安くするプランを契約するので、形式上、店員さんがガラケーの目視をする必要があります。ですが、店舗の中には「持ってこなくていいですよ。」と言ってくれるところもあるので、**持参する必要のないお店を可能な限り探しましょう。**

それでも「確認が必要なので持ってきてください。」という店舗しか見つからない場合は、いったん予約をします。ガラケーが必要な店舗で予約をした場合、ガラケーの調達をしなくてはなりません。メルカリやヤフオクなどで3Gのケータイ（必ずソフトバンクのもの）を購入します。1500円程度で電源が入るものが手に入ります。基本的には何回も使えるので、あらかじめ用意しても問題ありませんが、案件が見つかってから用意しても遅くはありません。

ガラケーの持参が必須になった場合、**絶対に確認すべきことがあります。**

「ガラケーは持っていくだけで大丈夫でしょうか。通信確認はされますか？」

お店によってはガラケーの通信確認をするところがあります。**持っていって見せるだけでいいところにしましょう。**なぜならガラケーは〝見せる用の携帯電話〟なので、通信は使えませんし、電話番号も整合性が取れない別番号だからです。

つまり、**ガラケー本体を店舗に持っていかなくて済む、もしくは番号の確認が無いというお店を探すほうが良いのです。**もしも通信確認すると言われたら、「他を当たります。」でいったん切りましょう。気を取り直して、他のお店にトライしましょう。「持ってきて見せていただくだけで大丈夫ですよ。」という店舗が見つかった場合は、日時の予約をします。

ＭＮＰ当日までの準備期間として、10日後程度のゆっくり時間の取れる日を指定しましょう。

または、一度案件が見つかったら、いったん予約で機種をキープしておき、他のお店

案件探しのフローチャート

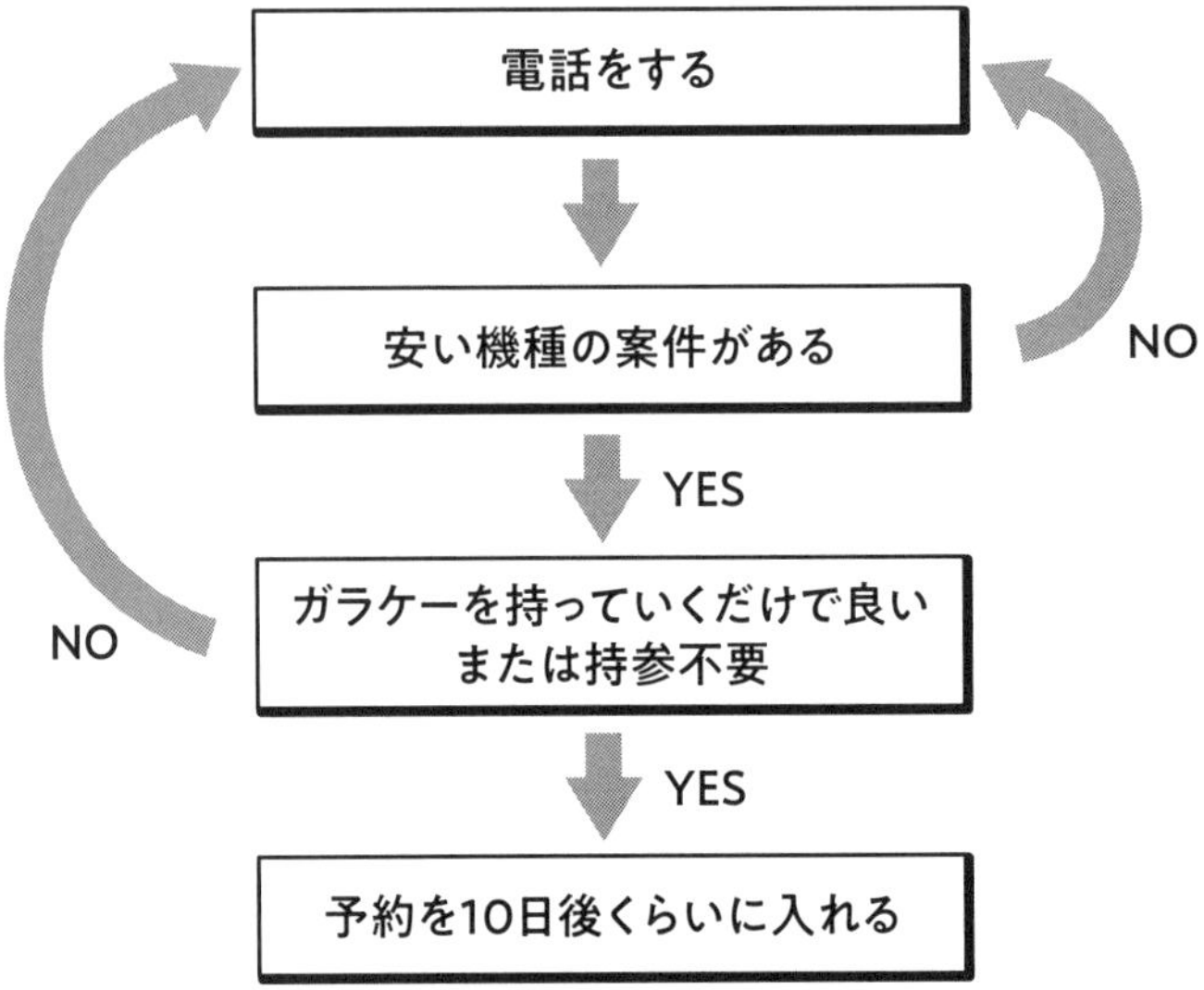

にも電話して、キープしている案件を伝え、「この条件よりもいいものがありますか？」と聞いてみてください。さらにいい条件が見つかれば、最初のお店はキャンセルして、新たに予約をとりましょう。

前のお店には必ずキャンセルを入れておいてください。当日連絡もなしにすっぽかすことのないようにしてください。また、お店の人も必ず3Gであるという確認をしなければならないので、そこで無理にゴネて店員さんを困らせないようにしてください。**あくまでも双方にとってメリットのある状態を作り上げなければなりません。**

MNPできる回線を用意&ガラケーの調達（手順②）

☆MNP用の回線を作る

くり返しになりますが、ご自身が持っている回線や端末を売ったりMNPしたりはしません。新たに回線を契約して電話番号を取得してから、その回線をMNPさせていきます。スラングとして、MNP用の回線を契約して用意することを「弾を作る」と言います。独特な言い回しですね。

ここで、なぜMNP用の回線を用意する、「弾を作る」必要があるのかを説明します。例えば、現在あなたがソフトバンク（またはau）の折り畳みガラケーを使っていたとします。それをdocomoにMNPすると、もちろん端末代金の割引や毎月の利用料の割引が受けられます。

では、いきなりソフトバンクで回線を契約し、docomoにMNPさせていくとど

うなると思いますか？

ＭＮＰは回線を乗り換えるわけですから、乗り換えられた会社にとっては「解約」になります。つまりあなたはソフトバンクに「**契約して即解約した怪しい人物」という情報履歴が残り、再度契約できなくなってしまいます。**これもスラングがあり、「ブラック入り」と言います。ブラックになってしまってはＭＮＰを続けていくことができません。

そこで、ソフトバンクの回線を借りて事業を行っていて、**すぐに解約してもブラック入りにならない格安ＳＩＭの回線を契約していきます。**

格安ＳＩＭは先ほどの「ブラック回避」することはもちろんですが、契約費用が安く抑えられることや、ＳＩＭの購入からＭＮＰの予約番号申し込みまで、すべてインターネット上から5～10日ほどでできるので使い勝手が良いです。ＭＮＰには予約番号という10桁の番号を発行して、電話番号と一緒に持参しなければ手続きができないようになっています。その手続きがインターネット上で完結することができるので大変便利です。

今回はビーモバイル（b-mobile）という格安ＳＩＭの中でソフトバンクの回線を使っている会社と契約をします。ビーモバイルの公式サイトから申し込んでもいいのですが、最初にパッケージを購入することで、１回線につき１０００円ほど費用が安くなります。

Ａｍａｚｏｎで「b-mobile S スマホ電話ＳＩＭ（ソフトバンク）（ｉＰｈｏｎｅ専用）（ナノＳＩＭ）」を２個購入しましょう。ＱＲコードでのリンクを貼っておきます。

ビーモバイル公式サイト

☆ＭＮＰ用の回線契約の仕方 ※かならず案件が見つかってから契約しましょう。

パッケージが届きます。中を開けると申込コードが記載されています。

①ビーモバイルのアカウントを作成します。（メールアドレスとパスワードを用意します）

パッケージに書かれた申し込みコードを入力しましょう。

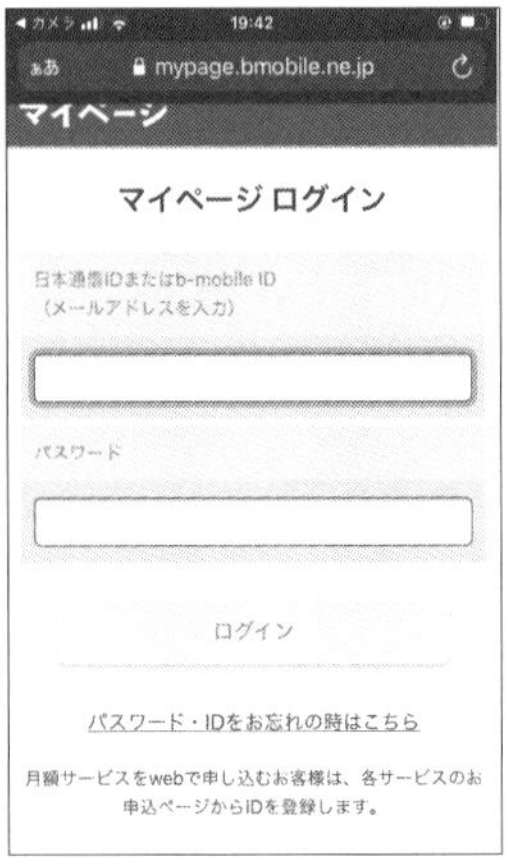

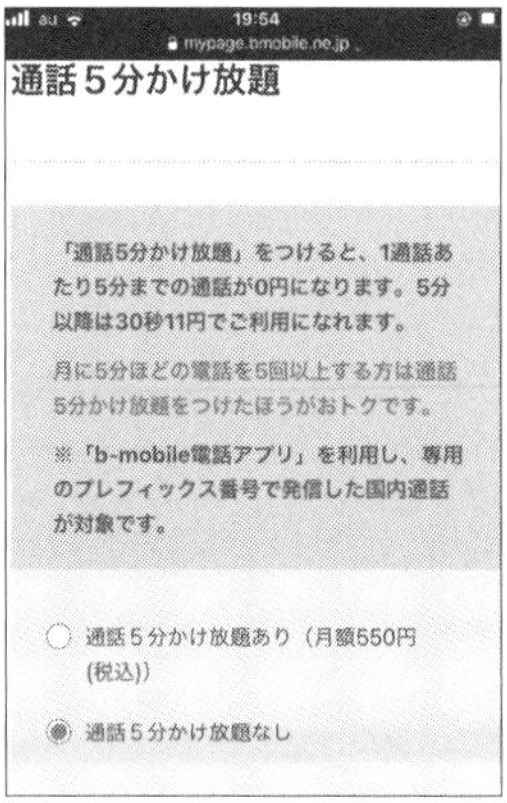

②通話かけ放題は不要です

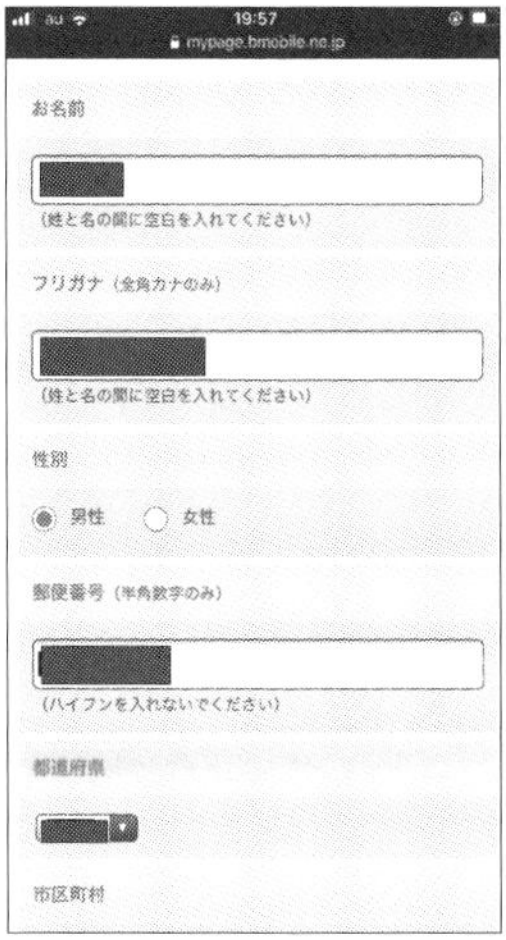

③個人情報を入力します。

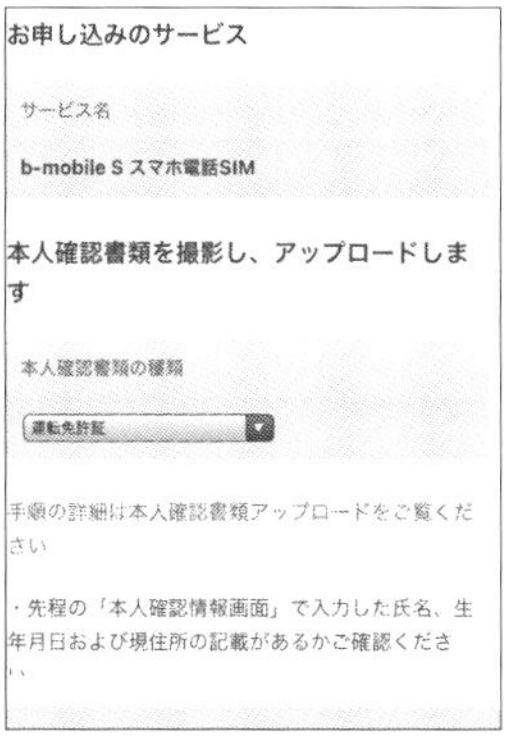

④本人確認書類を提出します。

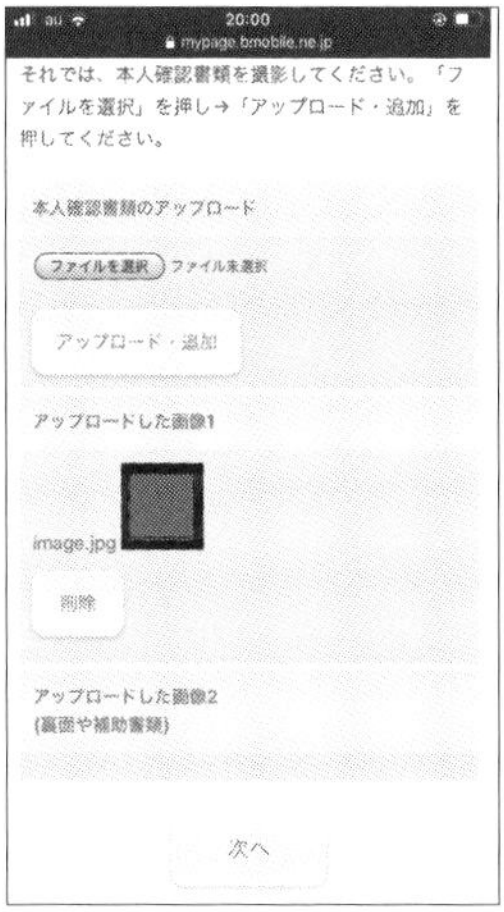

⑤写真撮影してアップロードします。

⑥クレジットカードの情報を入力します。その後個人情報やクレジットカードの確認があります。

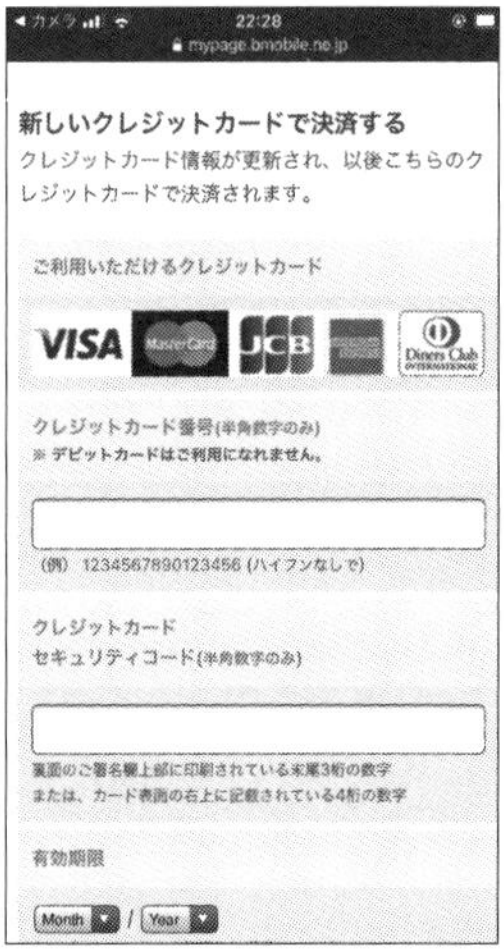

⑦申し込みのサービスを確認します。かけ放題なし。データプランは５段階定額。ＳＩＭカードタイプはナノＳＩＭカードでＯＫです。最後に「申し込む」を押します。

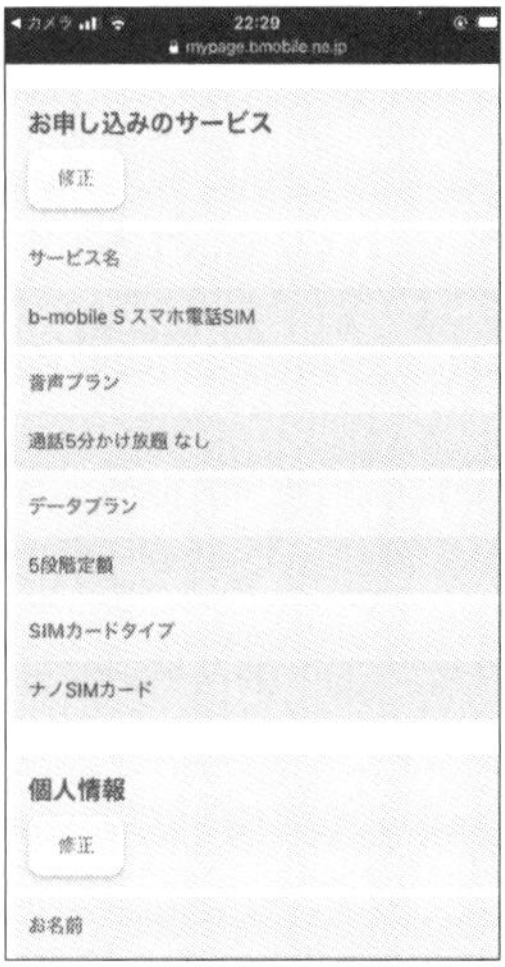

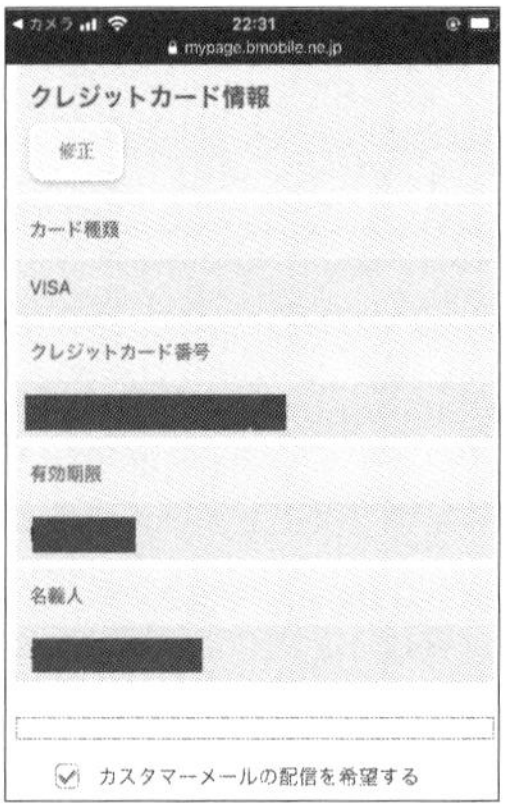

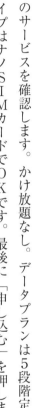

⑧申し込みが完了すると上記のメールが送信されますので、ＳＩＭが届くのを待ちます。３日程度後になります。到着したらＳＩＭの開通を行います。

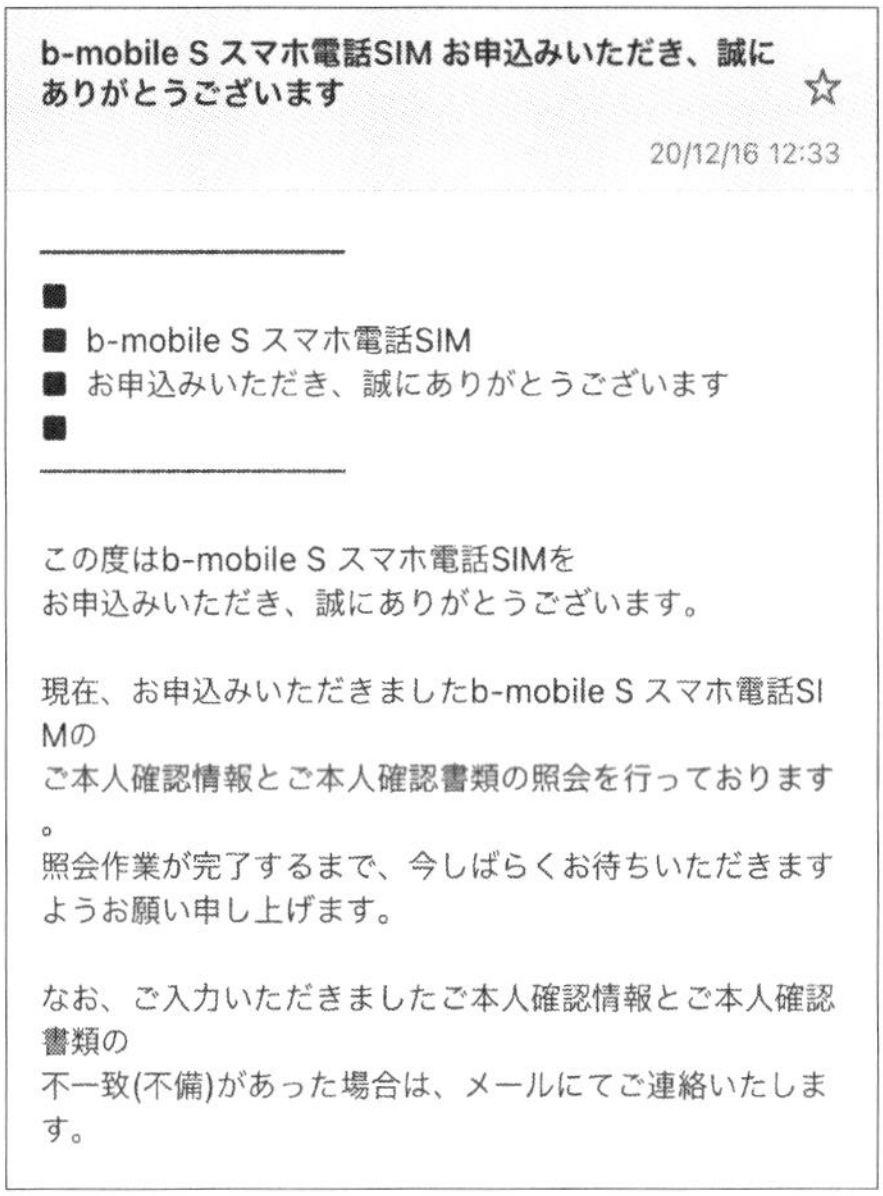

b-mobile S スマホ電話SIM お申込みいただき、誠にありがとうございます ☆

20/12/16 12:33

■
■ b-mobile S スマホ電話SIM
■ お申込みいただき、誠にありがとうございます
■

この度はb-mobile S スマホ電話SIMを
お申込みいただき、誠にありがとうございます。

現在、お申込みいただきましたb-mobile S スマホ電話SI
Mの
ご本人確認情報とご本人確認書類の照会を行っております
。
照会作業が完了するまで、今しばらくお待ちいただきます
ようお願い申し上げます。

なお、ご入力いただきましたご本人確認情報とご本人確認
書類の
不一致(不備)があった場合は、メールにてご連絡いたしま
す。

☆SIMカードの到着

数日後、ポスト投函でビーモバイルから封筒でが届きます。中にはＳＩＭカードが入っています。ビーモバイルとは書いていません。ソフトバンクの回線を利用しているためです。カードの中のＳＩＭをポキッと手で折って取り出してください。とても小さいので、無くさないようにしてください！

ビーモバイルのホームページにスマートフォンかパソコンでログインしてください。ＳＩＭに同封されている用紙にＱＲコードがありますので、そこから入ることもできます。ここではスマホの画面を使って次のページから解説します。

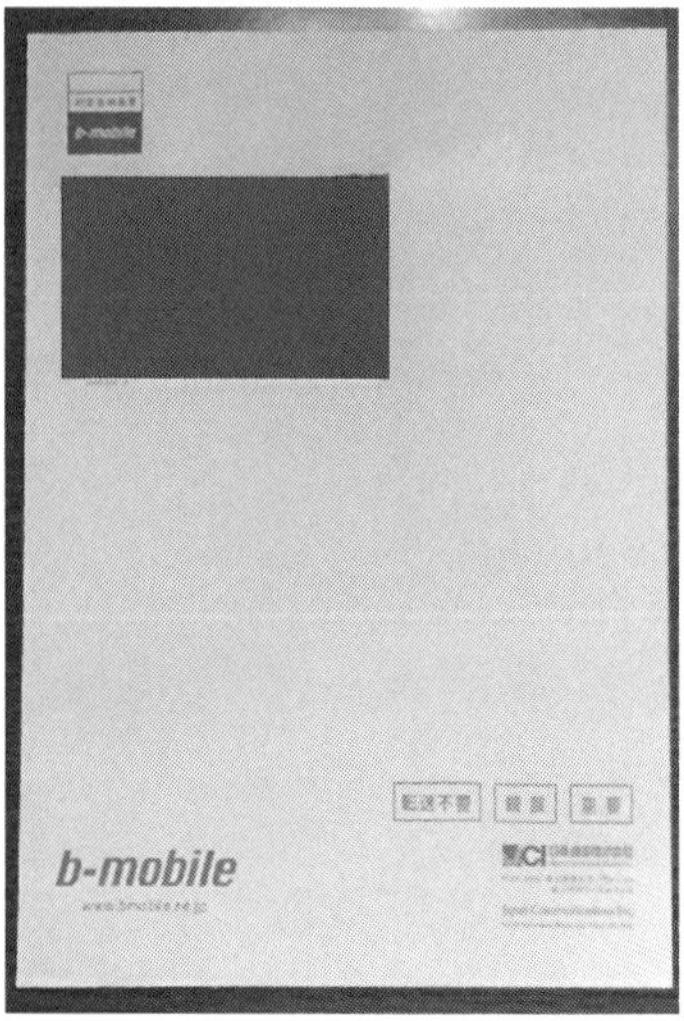

☆回線の開通作業をする

ＳＩＭカードに入っていた番号を入力します。同じ番号を正確に入力してください。

次のページで「申し込み」をタップしてください。

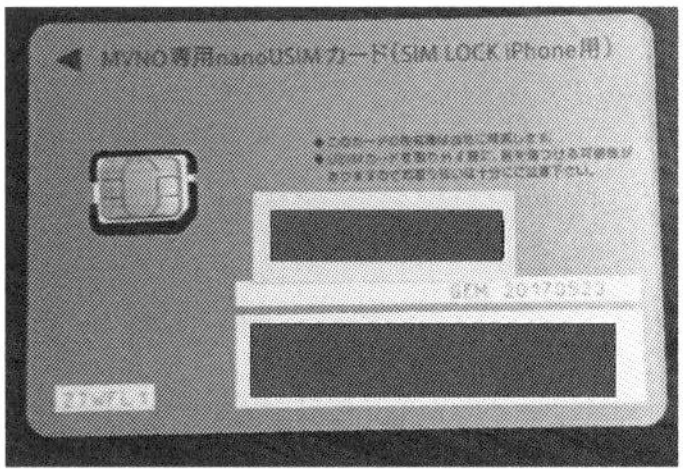

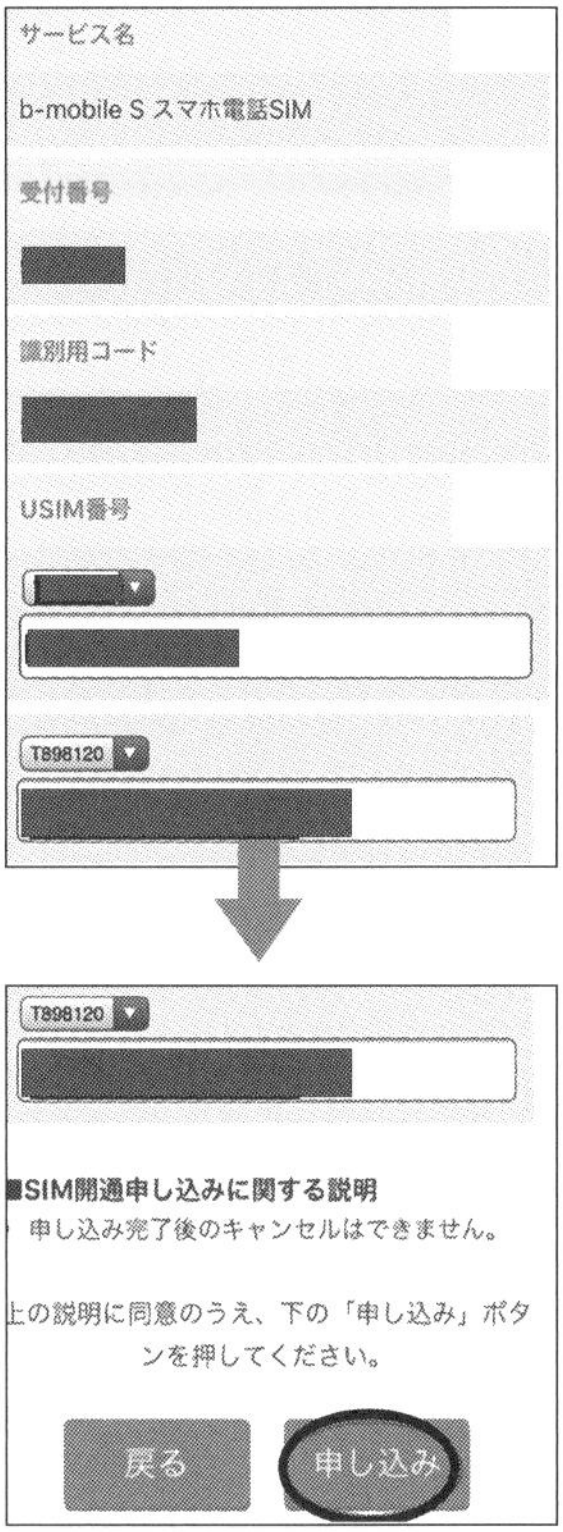

申し込み完了後、「開通手続き申込み受付のお知らせ」（上）の後、少し経ってから「開通手続き完了のお知らせ」（下）のメールが届けば開通手続きは終わりです。

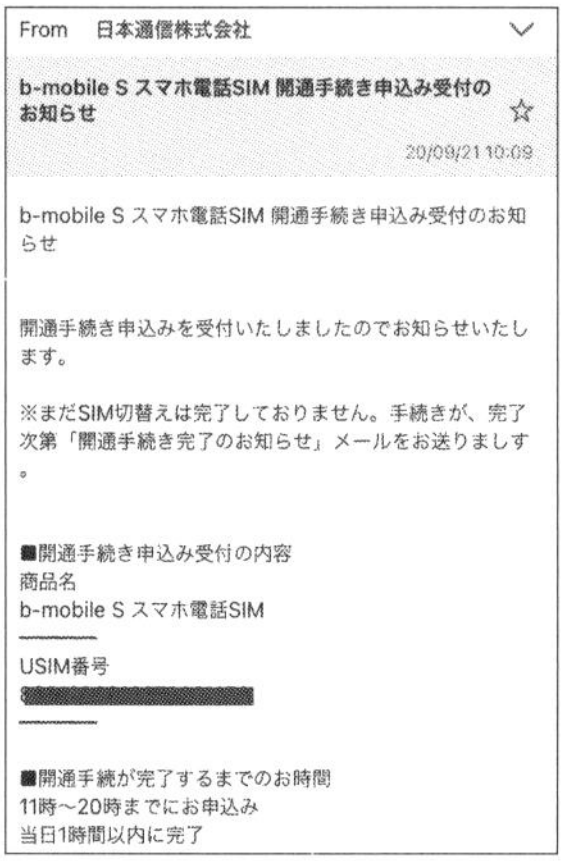
From　日本通信株式会社

b-mobile S スマホ電話SIM 開通手続き申込み受付のお知らせ ☆

20/09/21 10:09

b-mobile S スマホ電話SIM 開通手続き申込み受付のお知らせ

開通手続き申込みを受付いたしましたのでお知らせいたします。

※まだSIM切替えは完了しておりません。手続きが、完了次第「開通手続き完了のお知らせ」メールをお送りします。

■開通手続き申込み受付の内容
商品名
b-mobile S スマホ電話SIM
―――
USIM番号
[redacted]
―――

■開通手続が完了するまでのお時間
11時～20時までにお申込み
当日1時間以内に完了

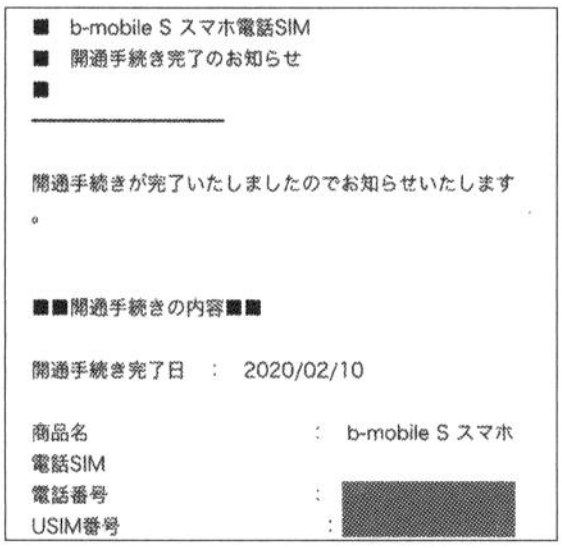
■　b-mobile S スマホ電話SIM
■　開通手続き完了のお知らせ
■
――――――

開通手続きが完了いたしましたのでお知らせいたします。

■■開通手続きの内容■■

開通手続き完了日　：　2020/02/10

商品名　：　b-mobile S スマホ電話SIM
電話番号　：　[redacted]
USIM番号　：

☆通信通話準備

開通後、通話・通信の準備をします。**通信通話をしなければMNPの予約番号を取得できませんので、一度SIMを挿して通信通話をする必要があります。**iPhone用のSIMなので、SIMロック解除のかかったiPhoneを用意してください。SIMが収納されているスロットに小さな穴が開いています。専用ピン（ゼムクリップなどで代用可）で開けて、SIMを入れます。少し力を入れて、グッと押しましょう。SIMを乗せるスロットが取り出せるので、向きを正しくSIMを入れて挿し直します。

この後、行き詰りやすい「**APN設定**」を行います。

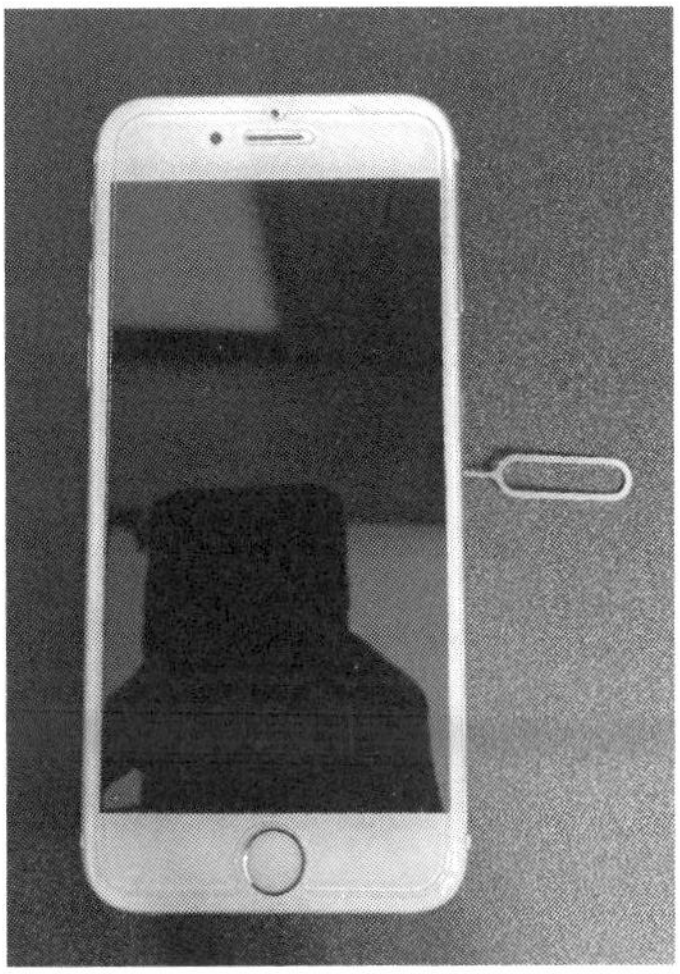

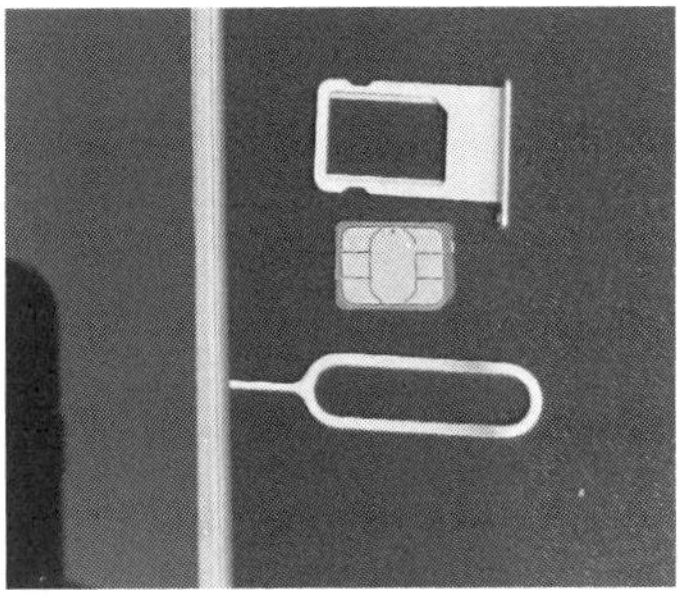

☆ＡＰＮ設定のやり方

この「**ＡＰＮ設定**」というところが少し難関です。

ＡＰＮ設定とは、アクセスポイント名（Access Point Name）を略した言葉です。簡単に言うと、ビーモバイルのＳＩＭを使うために、ｉＰｈｏｎｅにビーモバイルがアクセスできるよう情報を入れることです。

「ＡＰＮ構成プロファイル」という情報がまとまったプログラムを入れる（プロファイルのインストールを行う）ことでビーモバイルのＳＩＭが使えるようになります。逆に言えば**ＡＰＮ設定を行わなければＳＩＭを入れてもｉＰｈｏｎｅは通信通話ができないのです**（Ｗｉ-Ｆｉに接続されていれば通信ができますが、ビーモバイルのＳＩＭで通信を行っているわけではありません）。難しく感じるかもしれませんが、一度慣れてしまえばとても簡単です。スマホに新しいアプリを入れるのと同じような作業なので、やってみましょう。

Ｗｉ‐Ｆｉに接続された状態で、ＱＲコードを読み取りましょう。左のような画面が出てきます。Ｗｉ‐Ｆｉがない場合はＷｉ‐Ｆｉのアクセスポイントまで移動しましょう。

①ＱＲコードを読み取り、「ソフトバンク用プロファイル」をタップ（写真上）。

②ブラウザはＳａｆａｒｉで開いてください。次に「許可」をタップ（写真下）。

③「プロファイルがダウンロード済み」というメッセージが出たら、「閉じる」を押してホーム画面に戻り「設定」を開いてください。

④「プロファイルがダウンロードされました」という欄が現れるので、タップしてください（写真上）。

⑤次に「インストール」をタップしてください。パスコードや指紋認証・顔認証などの入力を求められる場合があります。

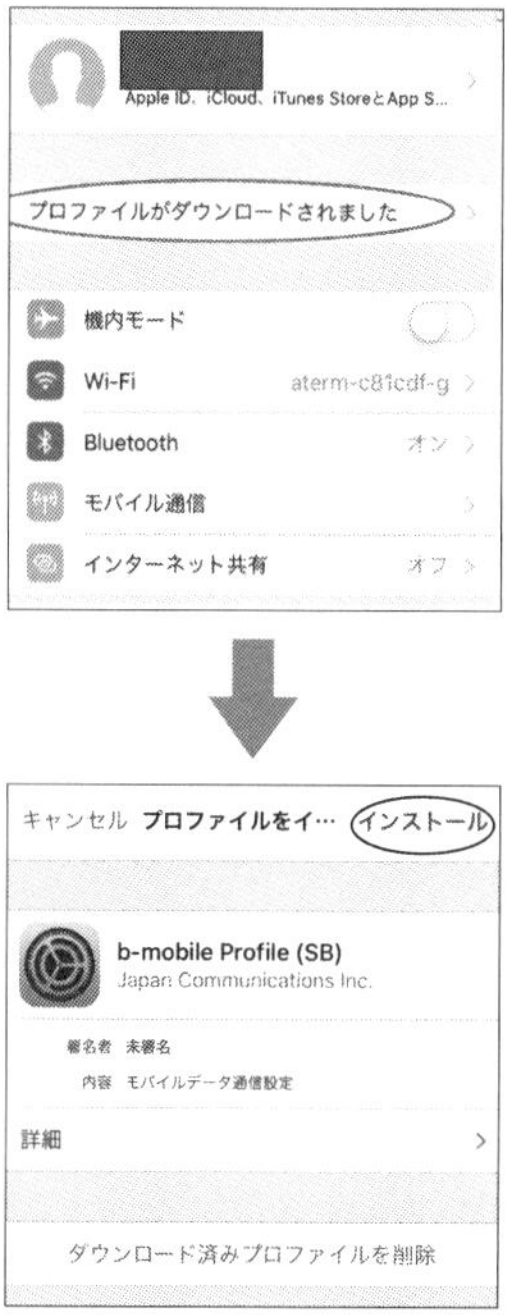

⑥「インストール」を2回タップしてください。

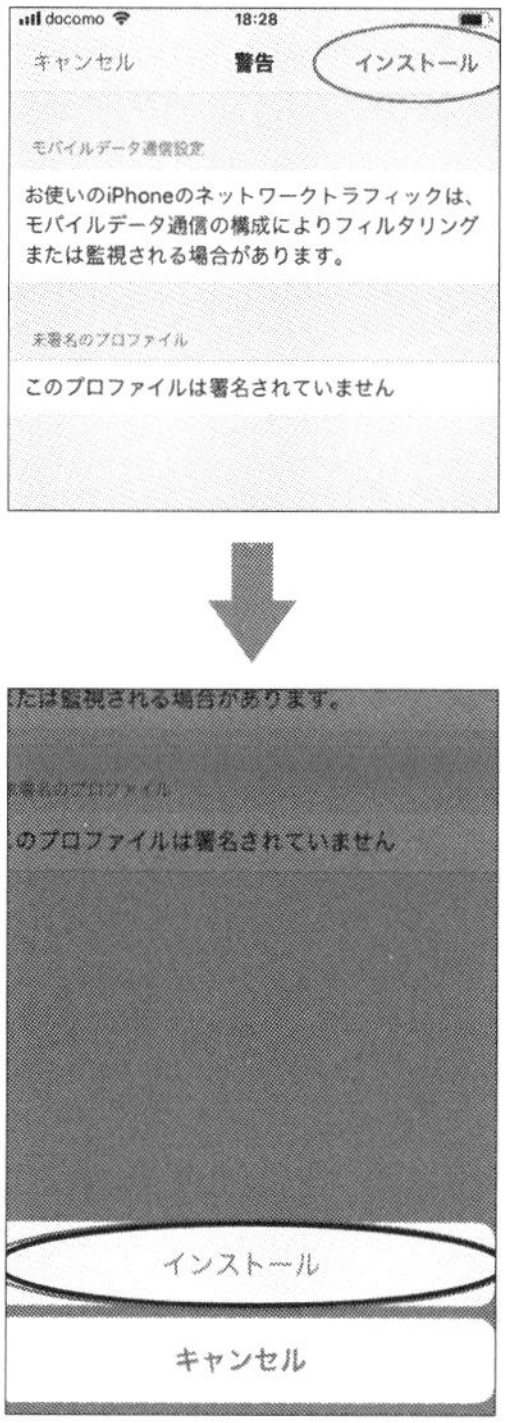

⑦その後、「完了」をタップしてプロファイルに「b-mobile Profile(SB)」が入っていれば成功です。これで設定はいったん終了です。

開通手続きが完了していれば、Ｗｉ－Ｆｉを切って通信・通話ができているか確認してください。

☆MNP予約番号の発行申請

MNPに必要な10桁の予約番号の発行申請をしていきます。申請の前に必ず行ってほしいことが2つあります。

□Wi-Fiを切って、4Gの状態で通信をする

インターネットを見たり、YouTubeを1分見たりして、通信を行ってください。

□電話をかけて、10秒くらいで切る

誰でもいいので電話をして切ってください。通話した履歴を残すためです。

この2点を行わないとMNP予約番号の発行ができない恐れがあります。①と②を実行の後、MNP予約番号の申請をしてください。

ビーモバイルのサイトからログインして、「MNP予約番号取得」をタップ。「MNP予約申し込み」というページに移動しますので、SIMカードに記載されている番号を入力し、予約申し込みをします。

各種お手続き
サービス変更
音声オプション変更
SIM再発行
MNP予約番号取得
緊急一時中断

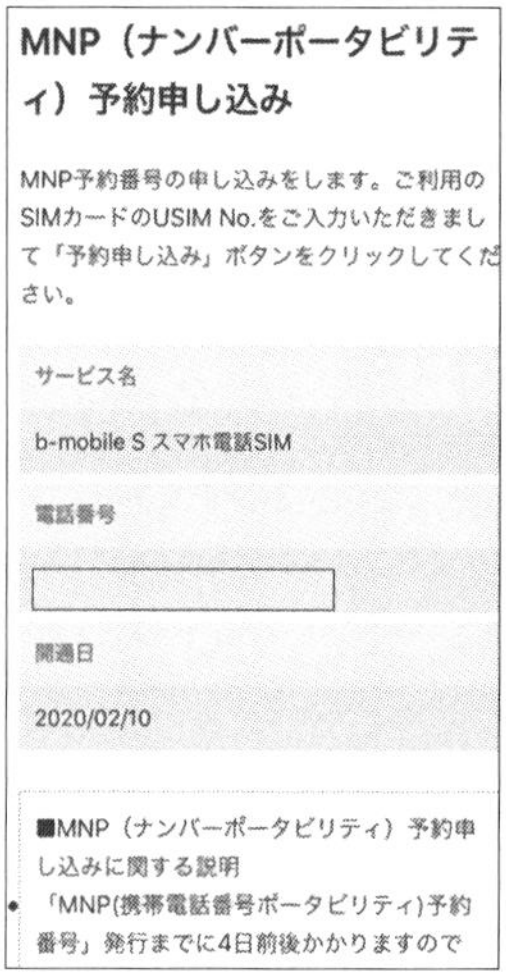

MNP（ナンバーポータビリティ）予約申し込み
MNP予約番号の申し込みをします。ご利用のSIMカードのUSIM No.をご入力いただきまして「予約申し込み」ボタンをクリックしてください。
サービス名
b-mobile S スマホ電話SIM
電話番号
開通日
2020/02/10
■MNP（ナンバーポータビリティ）予約申し込みに関する説明
「MNP(携帯電話番号ポータビリティ)予約番号」発行までに4日前後かかりますので

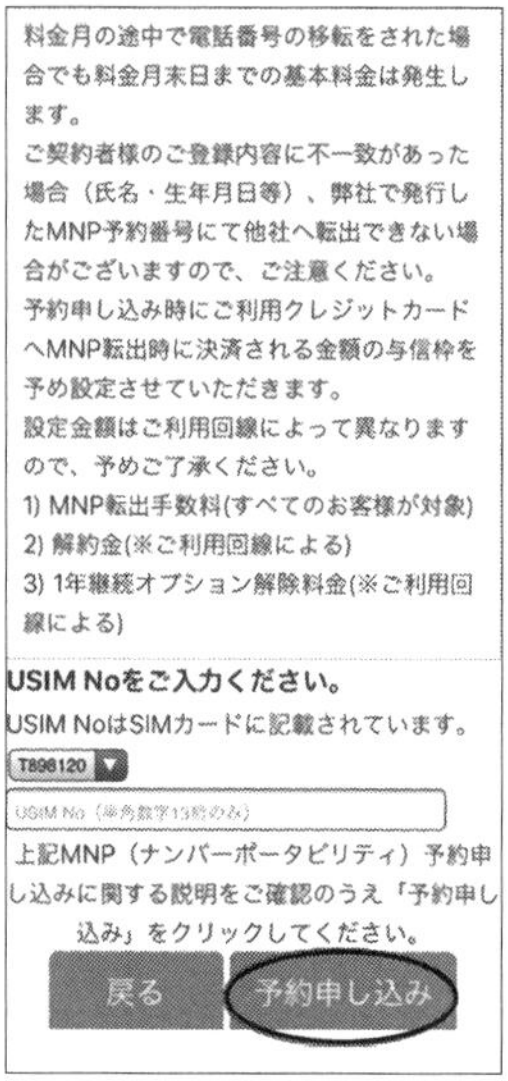

料金月の途中で電話番号の移転をされた場合でも料金月末日までの基本料金は発生します。
ご契約者様のご登録内容に不一致があった場合（氏名・生年月日等）、弊社で発行したMNP予約番号にて他社へ転出できない場合がございますので、ご注意ください。
予約申し込み時にご利用クレジットカードへMNP転出時に決済される金額の与信枠を予め設定させていただきます。
設定金額はご利用回線によって異なりますので、予めご了承ください。
1) MNP転出手数料(すべてのお客様が対象)
2) 解約金(※ご利用回線による)
3) 1年継続オプション解除料金(※ご利用回線による)
USIM Noをご入力ください。
USIM NoはSIMカードに記載されています。
T898120
上記MNP（ナンバーポータビリティ）予約申し込みに関する説明をご確認のうえ「予約申し込み」をクリックしてください。
戻る
予約申し込み

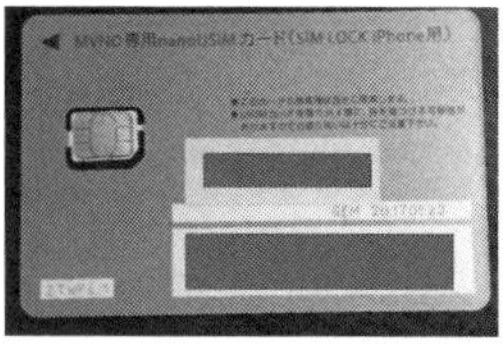

MNP予約番号受付完了です。

3日ほどでMNP予約番号が送られてきますので、いったん待機しましょう。

○予約番号が取れた場合

予約番号が取得できれば、左（写真中）のようなメールが来ます。この番号が当日、店舗で必要なのでスクリーンショットやメモ、メールのコピーなどをしておきましょう。

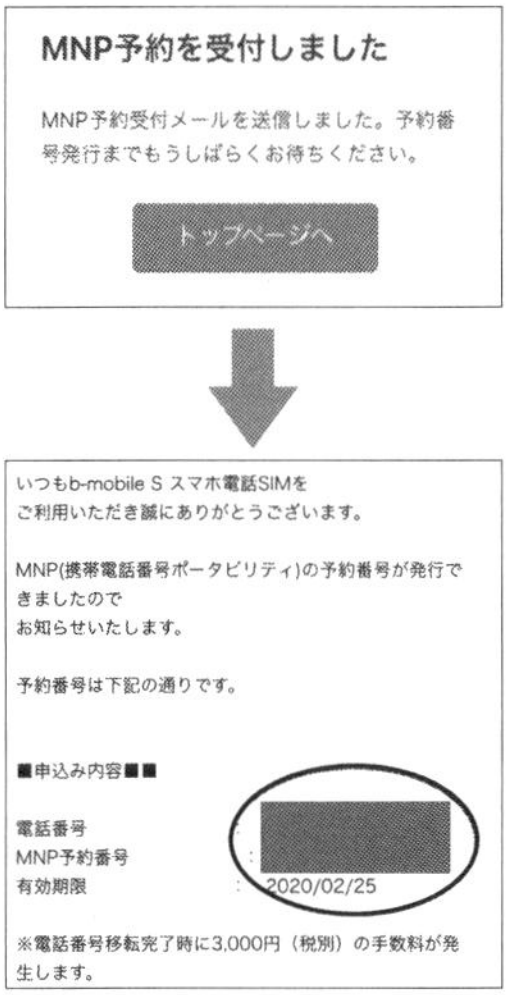
MNP予約を受付しました

MNP予約受付メールを送信しました。予約番号発行までもうしばらくお待ちください。

トップページへ

いつもb-mobile S スマホ電話SIMを
ご利用いただき誠にありがとうございます。

MNP(携帯電話番号ポータビリティ)の予約番号が発行できましたので
お知らせいたします。

予約番号は下記の通りです。

■申込み内容■■

電話番号　：[redacted]
MNP予約番号　：
有効期限　：2020/02/25

※電話番号移転完了時に3,000円（税別）の手数料が発生します。

✖予約番号が取れなかった場合

SIMの開通後、通信・通話を行わずにMNP予約申請をすると下のような再申込み依頼メールが来ます。再度通信・通話の後に申請してください。

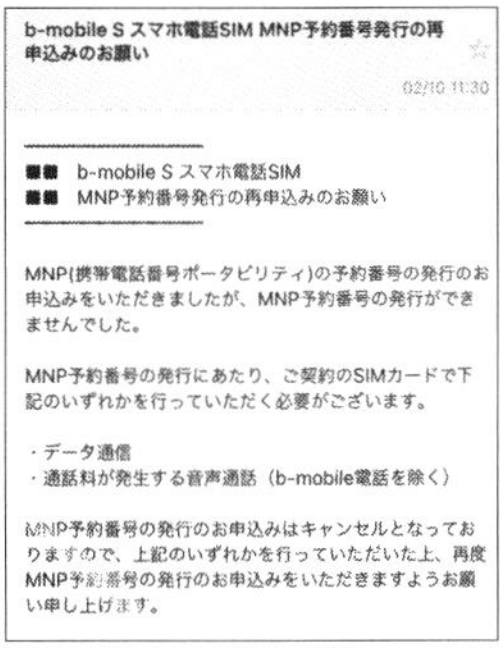
b-mobile S スマホ電話SIM MNP予約番号発行の再申込みのお願い

02/10 11:30

■■　b-mobile S スマホ電話SIM
■■　MNP予約番号発行の再申込みのお願い

MNP(携帯電話番号ポータビリティ)の予約番号の発行のお申込みをいただきましたが、MNP予約番号の発行ができませんでした。

MNP予約番号の発行にあたり、ご契約のSIMカードで下記のいずれかを行っていただく必要がございます。

・データ通信
・通話料が発生する音声通話（b-mobile電話を除く）

MNP予約番号の発行のお申込みはキャンセルとなっておりますので、上記のいずれかを行っていただいた上、再度MNP予約番号の発行のお申込みをいただきますようお願い申し上げます。

ＭＮＰ実行の当日までに以上の手続きを行います。最初は複雑で難しく感じますが、慣れれば上記の作業は3日ほどで完了します。ここまで行えば当日を待つのみです。また、ＭＮＰ番号申し込み後、作業をしたｉＰｈｏｎｅが普段使いのメイン機でしたら、ＡＰＮのプロファイルを削除しないと、元のＳＩＭカードが使えませんので、削除をしておきましょう。やり方は次の通りです。

「b-mobile Profile(SB)」をタップしてください。この後パスコードやTouch IDなどの入力を求められる場合があります。その後「削除」をタップし、「b-mobile Profile(SB)」が消えていれば完了です。

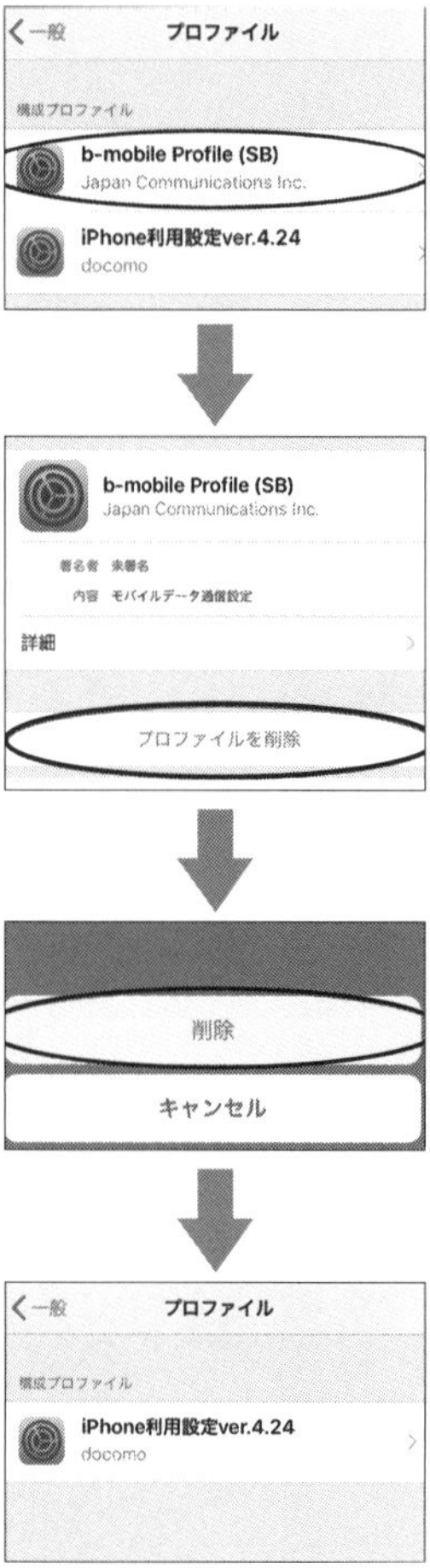

お店でMNPの契約をする（手順③）

☆MNP契約をする際のポイント

MNPの回線の用意ができたら、予約を取っておいた店舗に行きいよいよ契約です。持ち物を確認しておきましょう。

・身分証（運転免許証など）
・クレジットカード
・MNPさせる回線の電話番号
・MNP予約番号
・ガラケー（電源の入るもの）　※メルカリなどで購入できます。ただし、店舗が「持ってこなくて良い」という場合は必要ありません。

店舗についてから忘れ物に気づくと予約時間をオーバーして、お店にも迷惑がかかりますので、忘れ物の無いようにしましょう。

店舗での流れを述べておきます。

予約時間通りに来店しましょう。予約した名前とMNPを行うこと、機種などを伝えて、受付表を記入します。その後、受付のカウンターに通されて、MNPの機種、購入代金、月額プランや契約手数料などの確認をします。身分証のコピーを取り、クレジットカードの登録、暗証番号（数字4ケタ）の登録、機種の設定などの流れになります。基本的に店員さんにお任せすれば問題ありませんが、ポイントを3つ挙げておきます。

①契約するプラン&オプションやコンテンツなどの加入について

契約するプランは「**通信・通話もあまりしないので、一番安いプランでお願いします。**」と伝えましょう。docomoですと最安プランは月額1000~1500円程度になります。また、映像・音楽のコンテンツなどを勧めてくる場合がありますが、断れるようでしたら断りましょう。

店員さんは契約の数もノルマに入っていますので、「初月無料で、翌日解除していただいて構いませんので、○○オプションにご加入ください。」とお願いしてくる場合があります。無料になるものに関してはできるだけ加入してあげて、翌日すぐに解除してしまいましょう。中には数か月加入が必要な場合もあるので、コンテンツ解約時期を確認しておきましょう。あくまでも契約者とお店の双方にとってWIN―WINの状態でなければなりません。

②端末を未開封でもらえるか聞いてみる

端末を未開封のままもらえる場合があります。未開封とは、iPhoneやAndroidの端末の箱の周りのフィルムを開封していない状態のことです。**未開封のほうが高く売れます。**聞くだけ聞いてみましょう。端末の動作チェックのため、未開封は原則NGなので、店員さんから断られたら、開封してもらって問題ありません。無理を言って店員さんを困らせないようにしましょう。

③dアカウントの発行をお願いする

後述する端末のSIMロック解除をする際にdアカウントが必要になります。**購入する端末台数分のdアカウントを発行してもらってください。**あとは手続きをこなすだけです。契約する台数が多いほど時間が長く取られます。時間のある日に余裕を持って契約を行ってください。おおよその目安ですが、2台で90分程度かかります。

☆絶対やってはいけないこと！

ディスプレイのフィルムをはがすことは絶対にしないでください！

はがした時点で**買取金額が大幅に下がります。**利益を減らしてしまうので、貼ったままにしておいて下さい。店員さんにも「はがさないでください。」と伝えておきましょう。手続きが終了したら、契約書類や端末を、気を付けて持って帰ってください。

☆SIMロック解除

持ち帰った端末をSIMロック解除（SIMフリー化）します。docomoで契約したiPhoneは原則として、docomoのSIMカードでしか通信・通話ができません。この状態を「SIMロック」と言います。一括で端末を購入している場合、契約当日にSIMロック解除ができます。**SIMロック解除をすることで買取の値段が大幅に上がります**ので、必ず行いましょう。また、お店で契約の際に、SIMロック解除をしてくれる場合もありますので、してもらうほうが楽です。SIMロック解除をしてもらえた場合は、解除手続きを行ったという書類がもらえます。必ずもらっておいてください。

☆SIMロック解除に必要なもの

iPhoneに限らず、携帯電話にはそれぞれ15桁の**個体の番号（IMEI）**があります。マイナンバーのようなもので、ひとつの端末につき必ずIMEIがひとつ割り当てられています。同じIMEIはありません。IMEIはiPhoneの箱の裏側の左下にあります。

「マイドコモ」から契約したときのdアカウントとパスワードを入力してログインします。2段階認証を求められますので、新しく契約したSIMカードをiPhoneに挿して、セキュリティーコードの通知を受け取り、6ケタの数字を入力してください。

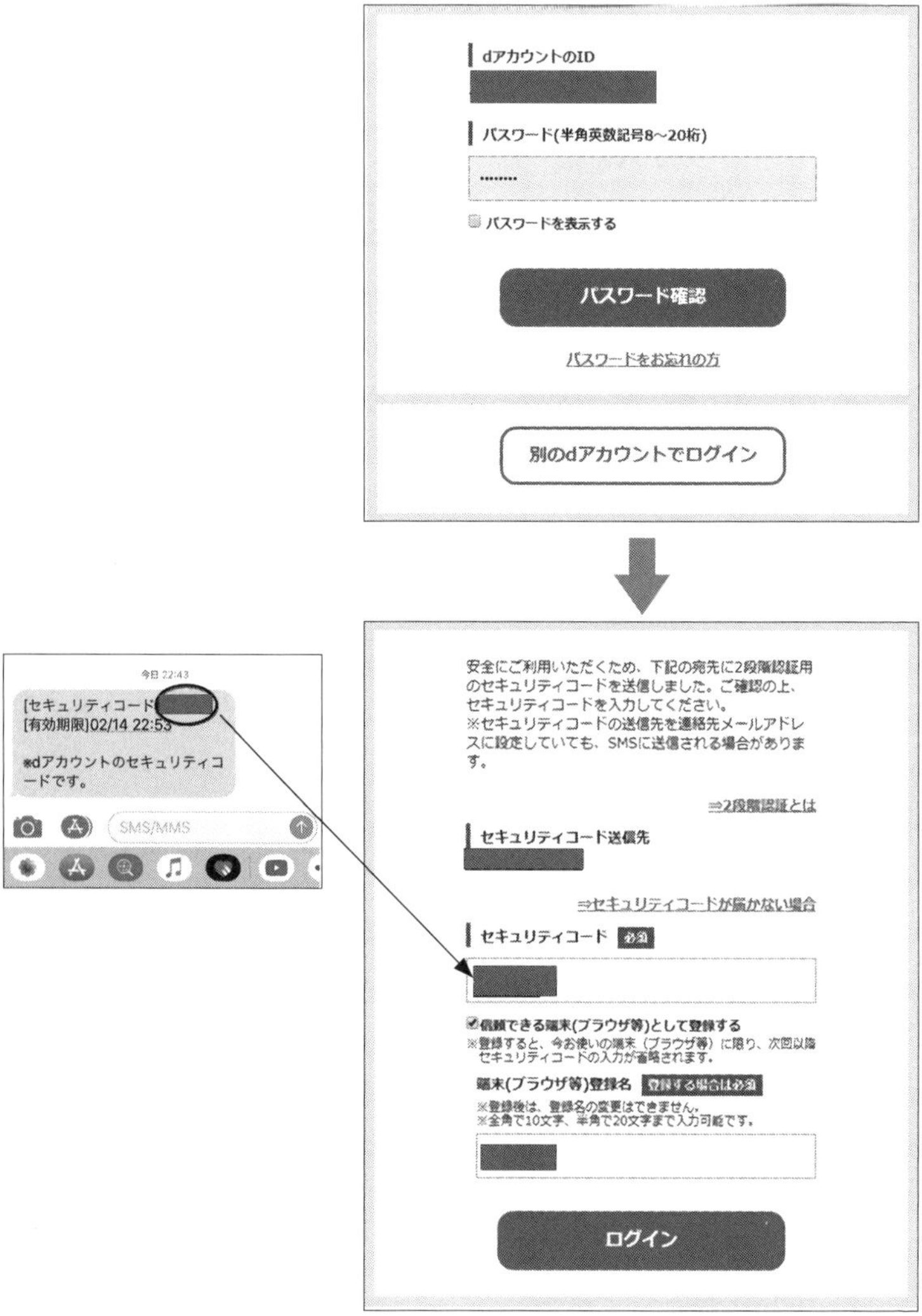
dアカウントのID
[redacted]
パスワード(半角英数記号8~20桁)
••••••••
パスワードを表示する
パスワード確認
パスワードをお忘れの方
別のdアカウントでログイン
今日 22:43
[セキュリティコード] [redacted]
[有効期限]02/14 22:53
※dアカウントのセキュリティコードです。
SMS/MMS
安全にご利用いただくため、下記の宛先に2段階認証用のセキュリティコードを送信しました。ご確認の上、セキュリティコードを入力してください。
※セキュリティコードの送信先を連絡先メールアドレスに設定していても、SMSに送信される場合があります。
⇒2段階認証とは
セキュリティコード送信先
[redacted]
⇒セキュリティコードが届かない場合
セキュリティコード 必須
[redacted]
信頼できる端末(ブラウザ等)として登録する
※登録すると、今お使いの端末(ブラウザ等)に限り、次回以降セキュリティコードの入力が省略されます。
端末(ブラウザ等)登録名 登録する場合は必須
※登録後は、登録名の変更はできません。
※全角で10文字、半角で20文字まで入力可能です。
[redacted]
ログイン

ＩＭＥＩを正確に入力してください。次のページでは「ＳＩＭロック解除を申込む」と「ＳＩＭロック解除の注意事項に同意する」をチェックしてください（ＳＩＭロック解除の注意事項を開いて読んでから同意ができます）

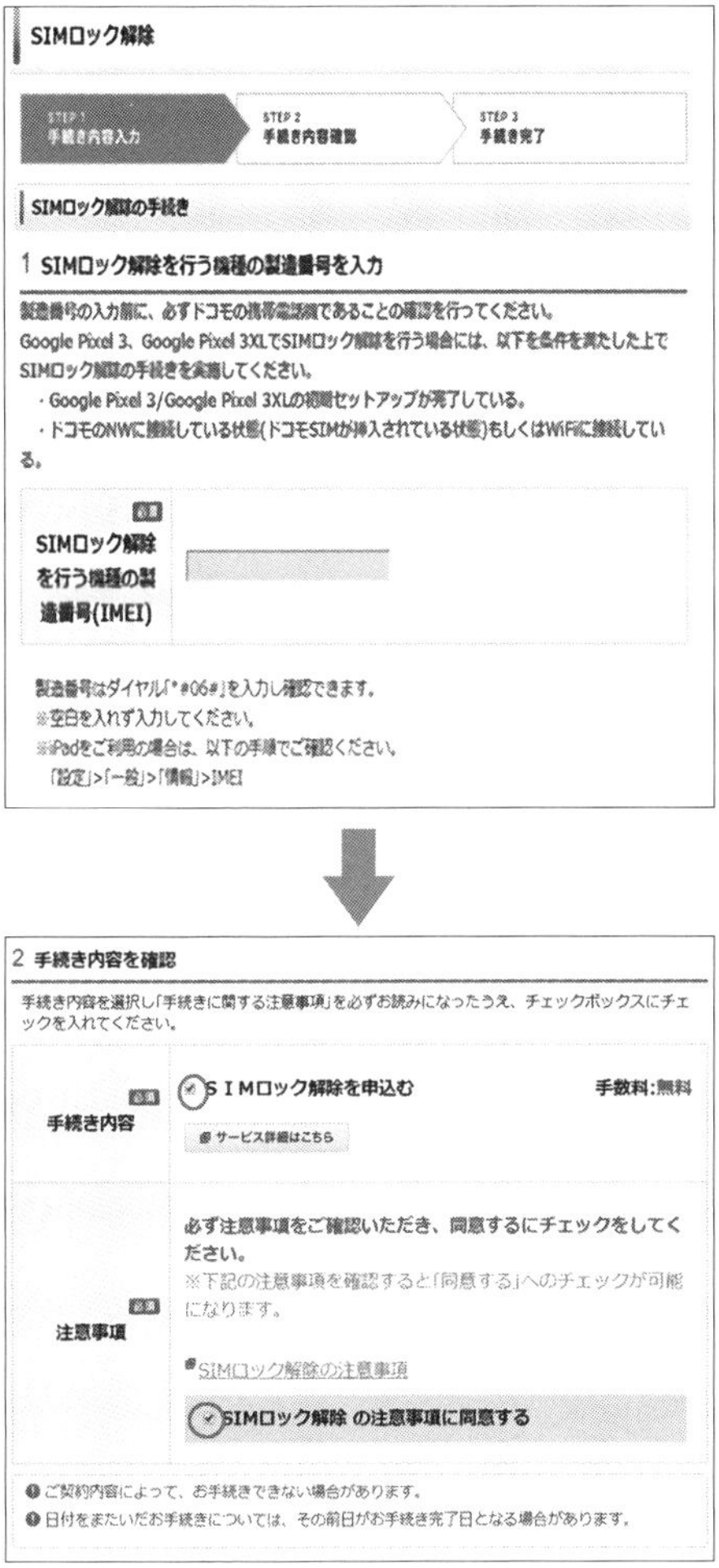

手続き完了のメールが受け取れるように、メールを選択してください。

※この画面では「ご指定のメールアドレスへ送信」を選択しています。「手続きを完了する」をタップしてください。すると手続きが完了していますので、メールが届いていることを確認してください。

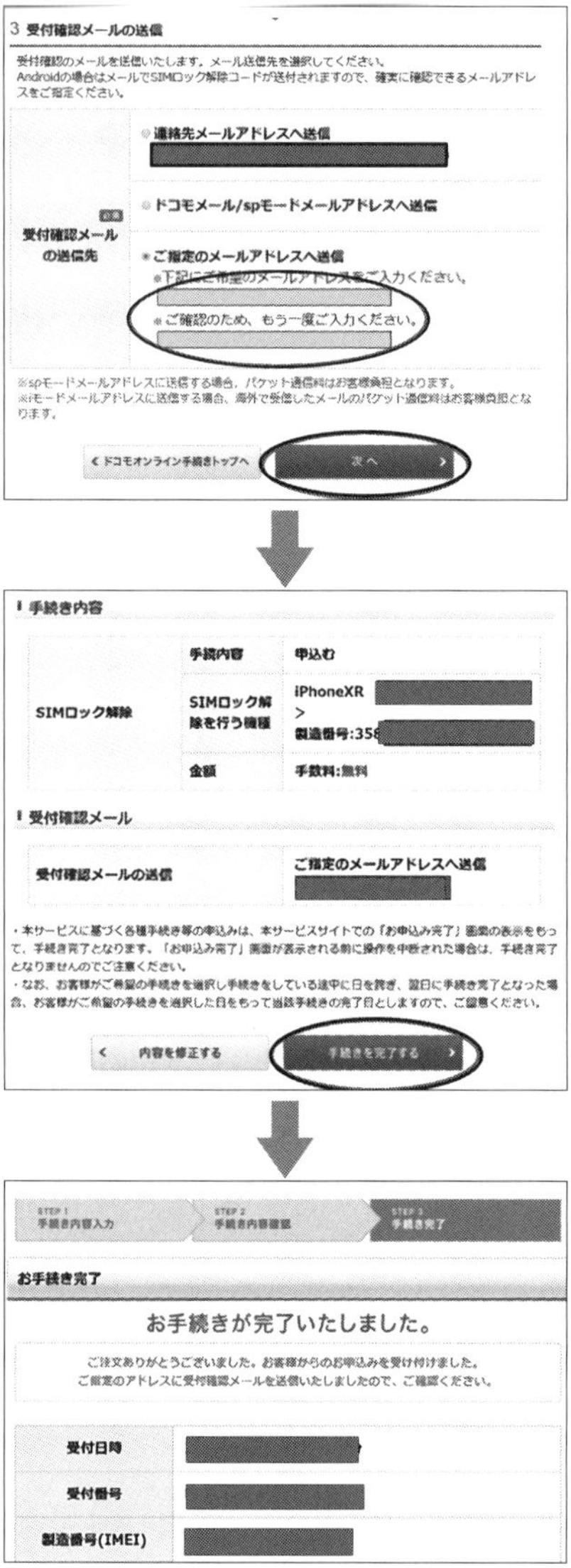

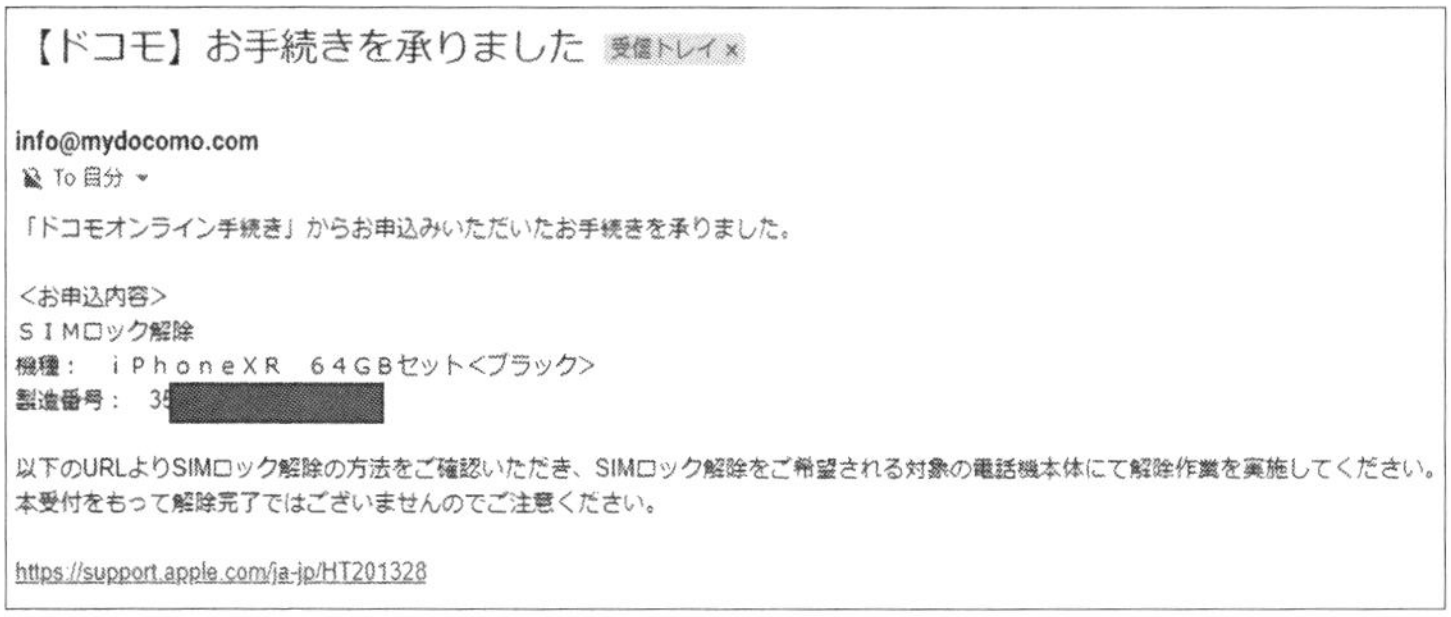
【ドコモ】お手続きを承りました 受信トレイ ×

info@mydocomo.com
To 自分

「ドコモオンライン手続き」からお申込みいただいたお手続きを承りました。

<お申込内容>
ＳＩＭロック解除
機種：　ｉＰｈｏｎｅＸＲ　６４ＧＢセット<ブラック>
製造番号：　35[redacted]

以下のURLよりSIMロック解除の方法をご確認いただき、SIMロック解除をご希望される対象の電話機本体にて解除作業を実施してください。
本受付をもって解除完了ではございませんのでご注意ください。

https://support.apple.com/ja-jp/HT201328

ＳＩＭロック解除のメール（上写真）がきますので、プリントアウトしておきましょう。

また、端末売却準備として、ｉＰｈｏｎｅの初期化をする必要があります。初期化手順は以下の通りです。

①ホーム画面の「設定」をタップ
②「一般」をタップ
③「リセット」をタップ
④「全てのコンテンツと設定を消去」をタップ

初期化が終わったら、中に入っているＳＩＭカードを抜いておくことを忘れずにしてください。**未開封の場合は不要です。**ここまで終了すれば、次は買取業者に買取の手続きをしていきます。

契約した携帯電話機を買取業者に売却する（手順④）

☆買取業者に買い取ってもらう

ＳＩＭロック解除まで済んだら、買取業者に今回購入したｉＰｈｏｎｅを買い取ってもらいます。例として、ｉＰｈｏｎｅ11をＳＩＭロック解除して買い取ってもらった場合の値段は、64ＧＢは６３５００円です。容量が大きくなればなるほど、買取の値段も高くなっていきます。上記はある店舗の例ですが、他にもたくさんの買取業者がありますので、比較検討して一番高いところに買い取ってもらいましょう。

お住まいの近くに買取業者がなくても大丈

iPhone SE2		
【キャリア解除版】iPhone SE2 64GB	判定○　開封 39.000 赤38.000 同梱品削減版41500、赤40.000 台数限定/予約必要	¥42,500
【キャリア解除版】iPhone SE2 128GB	判定○ 開封 -1000　同梱品削減版-1000円	¥48,000
【キャリア解除版】iPhone SE2 256GB	判定○ 開封 50.000 同梱品削減版-1000円	¥52,000
【docomo】iPhone SE2 64GB	au 29,000円、SoftBank 20,000円 同梱品削減版-1000円	¥29,000
【docomo】iPhone SE2 128GB	au 34,000円、SoftBank 22,000円 同梱品削減版-1000円	¥34,000
【docomo】iPhone SE2 256GB	au 39,000円、SoftBank 28,000円 同梱品削減版-1000円	¥39,000
iPhone11 & 11 Pro & 11 Pro Max		
【キャリア解除版】iPhone11 64GB	開封59000 ネットワーク利用制限○　同梱品削減版-2000円	¥64,000
【キャリア解除版】iPhone11 128GB	開封 67000　同梱品削減版-1000円	¥71,000
【キャリア解除版】iPhone11 256GB	開封 71,000	¥74,000
【キャリア解除版】iPhone11 Pro 64GB	開封 73,000 台数限定　予約必要	¥78,000
【キャリア解除版】iPhone11 Pro 256GB	開封 90,000	¥94,000
【キャリア解除版】iPhone11 Pro 512GB	開封 93,000	¥98,000
【キャリア解除版】iPhone11 Pro Max 64GB	開封 90,000	¥95,000
【キャリア解除版】iPhone11 Pro Max 256GB	開封 110,000	¥113,000

夫です。ほとんどの業者が郵送での買取を行っています。基本的には送料は売主が負担しますが、中には着払いに応じてくれるところもあります。次に私がよく使う買取業者を載せておきます。

☆買取業者一覧

□**買取スター（https://www.kaitoristar.com/）**
〒330-0854
埼玉県さいたま市大宮区桜木町2丁目328-2　048-856-9721

□**トゥインクルモバイル（http://www.twinkle-mobile.co.jp/）**
〒101-0021
東京都千代田区外神田4-4-8-3F　03-5577-5237
※秋葉原駅前店

□**買取王のＯｍｏｂｉｌｅ（https://www.seiwatsusin.com/）**
〒115-0044
東京都北区赤羽南1-6-4-201　03-6903-8168

このような業者の中から、**少しでも高く買い取ってもらえる業者を探しましょう。**業者のホームページには、それぞれの電話機種の値段が掲載されており、この値段は日々変動します。郵送の場合も、持ち込みで買取をしてもらう場合も、**必ず事前に電話をして予約をしましょう。**電話で予約をすることで、その日の買取の値段が保証されます。例えば今日ｉＰｈｏｎｅ11の値段が６３５００円だとしても、明日は６２０００円に下がってしまう場合があります。今日電話をしておけば６３５００円の買取値段が保証され、発送して翌日にお店に到着しても、買取の値段は変わりません。

基本的に、当日に電話して、その日のうちに発送、翌日到着が、その日の相場で買取をしてもらうための決まりです。到着が遅れると翌日以降の相場での買取になってしまうので、電話と発送は迅速に行いましょう。

また、だいたい翌日午前中に到着しなければ予約価格にならない業者が多いため、遠方の方で翌日到着が不可能な場合は、日曜日など買取業者が定休日の前日に買取予約をすれば月曜日に到着分まで予約できます。「金曜日にＭＮＰ↓土曜日に電話で買取予約↓土曜日出荷」とすることで土曜日の価格で予約することが可能です。あらかじめ到着までの日数から逆算して契約日を決めておくのも手ですね。

☆買取時の状態と買取業者への持ち込み（発送）

外箱のフィルムを開封されても、端末本体に貼られているフィルムをはがしていない状態であれば、「新品」として売却できます。

注意として、**フィルムを貼っていても端末の充電回数が多いと中古と判断される買取業者もあります**ので、最大でも2〜3回程度に抑えなければなりません。

また、**買取してもらう際に、充電が不十分だった場合も減額の対象になる場合がある**のでご注意ください。充電の残量に関係なく買い取ってもらえる業者もありますので探してみましょう。

基本的には買取業者の手順に沿って進めれば問題ありません。業者のホームページからダウンロードできる「買取申込書」と免許証などの身分証や住民票などの必要書類等を用意し業者に発送します。数日すれば、買取の金額の現金書留か、指定の銀行口座に振り込みがあります。持ち込みの場合は、現金をその場で受け取ります。

回線の維持・解約（または再びMNPする）（手順⑤）

☆MNP終了後の注意点

今回MNPで契約したｄｏｃｏｍｏの回線は約7か月維持する必要があります。（詳しくは6回分の引き落とし実績が必要です）なぜかというと、短期間解約のデメリットは、自分が**ブラックリストに載る**だけではなく、**契約したショップに違約金が発生**するからです。くり返しますが、ショップとの関係をＷＩＮ－ＷＩＮの状態に保つことが最優先です。

さらに、ＭＮＰの方法で再度稼ぐことができる可能性があるため、すぐに解約してしまうと、今後ｄｏｃｏｍｏとの契約ができなくなったり、割引サービスを受けられなかったりする恐れがあります。いわゆる「ブラックリストに載る」ということです。**そのブラックリスト登録にならないようにするのが、約7か月の回線保持です。**ここをしっかり覚えておいてください。

そして、回線を保持する＝その月額費用がかかるということです。買取で得た収入の一部を、回線保持の代金に充当しておく必要があります。ここまで計算して利益確定を行いましょう。

☆回線維持と解約

・**月に1度は通信・通話を行いましょう。** しっかり使っているかの実績もチェックされています。ＳＩＭを挿して、電話10秒、ＹｏｕＴｕｂｅを1分見ることを忘れずに行ってください。

・**契約後、回線を解約できるのは１８０日後です。** その期間を維持しないとブラックになります。契約日は必ずメモを取り、解約できる日をカレンダーなどに記入しておきましょう。

日数計算サイトで解約できる日を計算しておくと便利です。また、１８０日ピッタリで解約するのではなく、実際に解約する場合は若干の日にちのゆとりを持たせましょう。解約はドコモショップにて行う必要があります。ＳＩＭカードと身分証を持参し、ネットワーク暗証番号（４ケタ）を覚えておいてからお店に向かいましょう。または、店舗に行かないで解約できる方法もあります。それは、解約する予定の回線を使ってMNPすることです。

☆再びMNPができる?

今回はdocomoを2回線契約することを例にしていきました。実はこれで回線を維持して解約――で終わらないのです。**90日後に追加でさらに2台docomoで契約ができるので、ぜひ追加で利益を増やしましょう。**

ひとりが契約できる台数は最大5台までです。最初に2台、90日後に追加で2台、さらに90日後で1台、といった形で回線を足していくことができます。そして、最後の1台の契約が終わるころに最初の契約した2台が180日を迎えて、解約することができます。または、解約できる期日になったdocomoの回線を使って、auやソフトバンクへのMNPが可能です。

☆作業用端末のススメ

今後もMNPをする方は、「**作業用端末**」の用意をしておくといいです。

自分が普段使っているメイン機とは別に、もうひとつMNPの作業をするiPhon

eを中古で買ってしまうのです。どうしても自分の端末でのSIMの抜き差しが怖かったり、プロファイルのインストールや削除が面倒だったりという方におススメです。

初めから作業用端末にビーモバイルのプロファイルを入れておけば時短になりますし、通話も作業用端末からメイン機にかけるだけなので便利です。私も写真のとおりメイン機と作業用に分けています。

入手方法は、フリマサイトやリサイクルショップなどの中古品を購入する形となります。また、購入の際の注意点としては、SIMフリー端末であること・ネットワーク利用制限が○になっているものをしっかりと購入するようにしてください。購入するのはiPhone6S以降の機種が作業用に適しています。相場は7000～10000円ほどです。

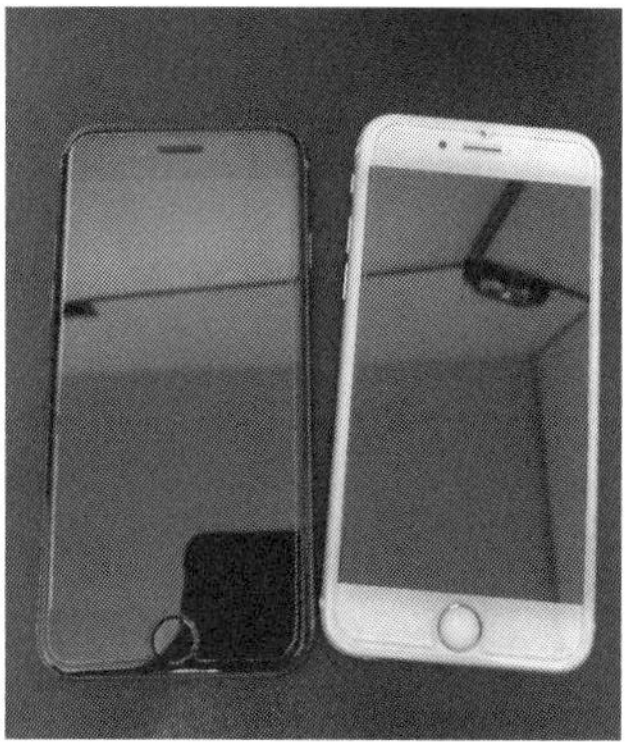

☆とにかくまずは案件探しからやってみる！

ここまででソフトバンクからｄｏｃｏｍｏへのＭＮＰを話してきましたが、ご理解いただけましたでしょうか？　理解が難しかったことがたくさんあるかもしれません。やったことのないことはなかなか頭に入っていかないものです。知識として入っても実践をしていかないとならないのです。

本書をここまで読んでいただいて、やってみようと思った方は、近所のドコモショップに電話をかけて安くなっている iＰｈｏｎｅを探しましょう。見つかったら次はビーモバイルの回線作りとＭＮＰ予約番号の申請、場合によってはガラケーをフリマサイトなどで用意。そして契約→買取業者に売却です。１８０日後に解約をしっかり行って利益を確定させていきましょう。

私も初めて取り組んだときは、わけのわからない状態でしたが、**やっていくうちに流れがつかめてきます。**今では自分で、30回線維持して定期的にＭＮＰさせて、年間１００万円以上の利益を上げています。途中でつまずくときもあるかもしれませんが、そんなときは本書を読み返してください。答えがそこに書いてあるはずです。

この手法を知れば、本業副業かかわらずに、年間に手にするお金が大きく変わってきます。しかし、今回は3Gのガラケーからの乗り換えの手法をお伝えしましたが、**これはいつまでも可能なやり方ではありません。**

NTTドコモは、3Gサービス「FOMA」と、ケータイ向けのインターネットサービス「iモード」を2026年3月31日に終了し、同日に3Gを停波すると発表しています。そこまでは3Gでの手法は通用するかもしれませんが、この手法がいつかできなくなる可能性も0ではありません。

すでにdocomo・au・ソフトバンクは通信事業以外の事業を収益のメインにしようとしています。近い将来、近所の携帯ショップ自体がなくなることもありうるのです。ですから、**今のうちにしっかりと稼いで欲しいと思っています。**

そのお金をビジネスの元手にしてもいいですし、美味しいものを食べたり、旅行をしたり、大事な人に何かプレゼントしたり……。人生が豊かになるはずです。お店の人も契約が取れて、インセンティブによって稼ぐことができるので、WIN－WINの関係です。読者の皆さんが利益を出していただけることをお祈りします。

3章

せどり（Amazon販売）をやってみる

せどりで稼ぐのは言われるほど難しくはない！

☆「せどりで月に10万〜20万円稼ぎたいんですけど、できますか？」

できます。やり方さえ間違えなければ、50万でも100万でも稼げるのがせどりです。ひとりで副業という範囲であれば、**月10万というのはとても現実的な数字**で、本業の合間にしっかり時間を取れれば達成する確率はかなり高いと言えるでしょう。

ただし、自分で初めてみて、結局うまくいかなくてせどりをやめてしまう人も多いことが事実です。せどりについての学校もないですし、何が正しくて何が間違いなのかは、やってみないとわかりません。それでも私は師匠の教えのもと、月商150万から200万円くらいまでは稼ぐことができました。

月商と月収は違います。月商は売上なので、そこから仕入れや販売手数料などが引かれます。月商100万円でも経費に100万円かかっていたら収益はゼロです。月収

１００万円のほうが良いことは間違いないでしょう。Ｔｗｉｔｔｅｒなどで「月商●●万円！」と書いてあっても大したことがないのです。

私の場合は月商２００万くらいですと、利益率が20～25％でしたので、40万～50万円くらいといったところです。それをすごいと感じていただける方もいれば、「俺のほうが稼いでいるぞ！」という方もいるでしょう。それぞれの物差しがありますよね。

私は、手取りがどんなに頑張っても25万円行かなかったころと比べれば、月収が上がって幸せでした。基本は家に居ながらにしてリサーチをして、たまに仕入れに行って出品をして、売れたら発送する。それ以外は自由です。私は子どもが２人いるので、子どもとの時間はサラリーマン時代より大幅に増えましたし、イベントなども必ず参加しています。コロナ禍なのでほとんどのイベントは中止になりましたが。落ち着いたらゆっくり旅行でもしたいものです。

「せどり」というのは、基本的には「**安く買って高く売る**」ビジネスです。家電やおもちゃ、コスメなどを店舗で買ってきて（仕入れて）Ａｍａｚｏｎで販売します。とはいえ、

Ａｍａｚｏｎに販路を絞る必要はありません。メルカリやヤフオクなど、フリマサイトで販売してもそれは立派な「せどり」です。

「せどり」や「Ａｍａｚｏｎ物販」「転売」などをテーマにした本も少なくはありません。私もせどりで本を書けと言われたら、１冊まるまる書き上げる自信があります。

ですが、今回はせどりだけの本ではなく、ひとりでもできる副業やネットビジネスですので、本当にシンプルに手法だけをお伝えしていくつもりです。アカウントの作成方法や出品方法なども触れますが、インターネットにたくさんある情報です。なるべくネットにないやり方を、この本を手に取ってくださった皆さんに公開していきますのでご期待ください。まずは必要なものや、Ａｍａｚｏｎ販売でのここだけは押さえておきたいというポイントからスタートします。

☆複利方式で売上を出して利益の増加を加速させる

Ａｍａｚｏｎ販売は、売上の約20％が利益になります。そのため、Ａｍａｚｏｎで50万円を売り上げていれば、その20％の10万円が利益となります。残りの40万円は、商品仕入れ代金やＡｍａｚｏｎに支払う販売手数料、送料などに消えていきます。

始めるにあたっての資金は10万くらい欲しいです。純粋に10万円分を仕入れて、全て在庫が売れて、利益率も20％、と初めからなるのはなかなか難しいでしょう。

10万円のうち、半分の５万円を仕入れに使い、残りの５万円はツール代や梱包資材に使い、利益が取れる商品をたくさん仕入れるときのためにプールしておく必要もあります。５万円で仕入れた商品が全て売れて、利益率20％だったとします。その場合の売上は６万円です。

今度はその売り上げ６万円を仕入れに使い、１か月で完売し同じく利益率が20％だったとすると、売上金は７万２０００円です。

このように毎月売上金をすべて仕入れに回していけば、「複利方式」で利益を増やすことができます。毎月５万円だけを使って１万円分の利益しか出さない「単利方式」ですと、いつまでたってもお小遣い稼ぎ程度のビジネスにしかなりえません。

生まれた利益に手を付けず、買いたいものや贅沢は1年我慢しましょう。そうすれば1年後、だいたいの欲しいものは手に入るはずです。

複利方式での利益額計算（資金5万円の場合）

月	仕入れ額	売上	利益
1か月	¥50,000	¥60,000	¥10,000
2か月	60,000	72,000	12,000
3か月	72,000	86,400	14,400
4か月	86,400	103,680	17,280
5か月	103,680	124,416	20,736
6か月	124,416	149,299	24,883
7か月	149,299	179,159	29,860
8か月	179,159	214,991	42,998
9か月	214,991	257,989	42,998
10か月	257,989	309,587	51,598
11か月	309,587	371,504	61,917
12か月	371,504	445,805	74,301
		利益合計	395,805

単利方式での利益額計算（資金5万円の場合）

月	仕入れ額	売上	利益
1か月	¥50,000	¥60,000	¥10,000
2か月	¥50,000	¥60,000	¥10,000
3か月	¥50,000	¥60,000	¥10,000
4か月	¥50,000	¥60,000	¥10,000
5か月	¥50,000	¥60,000	¥10,000
6か月	¥50,000	¥60,000	¥10,000
7か月	¥50,000	¥60,000	¥10,000
8か月	¥50,000	¥60,000	¥10,000
9か月	¥50,000	¥60,000	¥10,000
10か月	¥50,000	¥60,000	¥10,000
11か月	¥50,000	¥60,000	¥10,000
12か月	¥50,000	¥60,000	¥10,000
		利益合計	120,000

☆用意するもの

□Ａｍａｚｏｎ出品者アカウント（セラーアカウント）

Ａｍａｚｏｎで買い物をしたことがある人は多いですね。まずはＡｍａｚｏｎで購入するために住所やメールアドレス、クレジットカードの登録などをしてアカウントを作ります。プライム会員になって、翌日配送や映像・音楽コンテンツを楽しんでいる人もいるでしょう。

これは「購入者アカウント」といって、その名の通りＡｍａｚｏｎで買い物をするアカウントです。このアカウントとは異なる、商品を出品して販売する「**出品者アカウント（セラーアカウント）**」が必要です。

□現金

仕入れのための資金です。いくら必要かは仕入れるものによりますが、最低でも10万円は欲しいところです。そんなに準備はできないという人は、まず2章のＭＮＰを行って資金を貯めていきましょう。

私は原則として、**クレジットカードを使って仕入れません。**デビットカードを使っています。そのほうが資金管理が楽だからです。

ここでとてもよくある、せどり界隈の話をしますね。クレジットカードを使って限度額いっぱいまで仕入れるとします。クレジットカードを使うと、ポイントも貯まってお得な気がしてきます。ですが、そこに**大きな落とし穴があります。**

クレジットカードの限度額が１００万だとして、１か月の間にその枠をめいっぱい使って仕入れたとしましょう。そのカードの支払いはだいたい２か月後になります。さて、その１００万円分の在庫は２か月以内に全部売れるでしょうか？　それはＮＯだと私は思います。**どんなに凄腕の人でもある程度の不良在庫が出ます。**

仕入れた商品が全く売れなければ、現金が自分の口座に振り込まれません。Ａｍａｚｏｎでは、商品が売れた日から売上金が入金されるまでにだいたい２週間後になっています。キャッシュフローはヤフオクやメルカリほどよくはありません。

先ほどの１００万円分の在庫が1か月半全く売れなかったらアウトです。カードの引き落とし日に入金が間に合いません。

そこでキャッシングをします。資金が増えた気がします。それでまた仕入れて、売れない。そこでまた借金、という負のループでせどりビジネスから退場していく人が多いです。

クレジットカードは自分の持つ資金よりも多く仕入れができるため、レバレッジが利きやすいことは確かです。しかし、**レバレッジが利くということは、損をするときも大きい**ことを理解しておくべきです。

クレジットカードを推奨するせどらー（せどりをする人）があまりに多いため、クレジットカード仕入れが基本かと錯覚してしまうのですが、**持っている現金のみで勝負することが大切**です。現金がなくなったら仕入れずに売上金が入ってくるまで我慢することです。

ビジネス全般に言えることですが、**せどりは資金管理ゲーム**です。資金管理ができない人から脱落していくのです。

☆「大口出品」「小口出品」どっちを選ぶ？

Ａｍａｚｏｎ販売を始めるにあたって、月額４９００円（税抜）の「**大口出品手数料**」という出店費用がかかります。大口販売に対して「**小口出品販売**」という出店方法もあります。こちらは月額がかかりませんので、まずは小口からトライするのでも問題ありません。

ただし、Ａｍａｚｏｎ販売をしている人１００人に「大口出品と小口出品、どちらがいいですか？」と聞けば、まず間違いなく１００人が大口出品と答えるでしょう。

メルカリ、ヤフオクなどと同じく、Ａｍａｚｏｎにも販売手数料などが存在します。販売した商品によって手数料の率が変わります。

例えば本は15％＋80円のカテゴリー成約料（税抜）の手数料がかかりますし、おもちゃに対しては10％の手数料です。商品ジャンルによって手数料が変わるのもＡｍａｚｏｎの特徴ですね。

月間50個前後しか売らないのであれば、小口出品のほうがお得です。ただし、月に10万円を目標にするなら、商品単価にもよりますが50個の販売では達成できないでしょう。

なので、**手数料がかかっても大口出品で始めるほうが良い**と思います。これって、すごく悩むんですよね。もしもメルカリで月に５０００円かかったら誰もやりませんよね？

そこを頑張って一歩踏み出してみてください。「合わなければ止めればいい」くらいの気持ちで。きっとＡｍａｚｏｎ販売の新たな世界が見えてくると思います。

☆Ａｍａｚｏｎでは「カート」を取ったものが勝つ

Ａｍａｚｏｎの販売方式の特徴に「カート」というシステムがあります。せどらーたちはよく

「カートを取れればこの商品はすぐに売れるね〜。」

「くそ！　他のセラーにカートを取られた！」

などと会話をします。

この「カート」システムを理解しておきましょう。この「カートを取る」ことができるか否かで大きく稼げるかが決まります。

あなたがＡｍａｚｏｎでトイレットペーパーを買おうとします。そのとき、右側の「カートに入れる」を押して決済、配送日などを決めて注文しますよね。

「カートに入れる」を押して購入手続きをする。Ａｍａｚｏｎが販売、出荷を行ってい

ることがわかります。

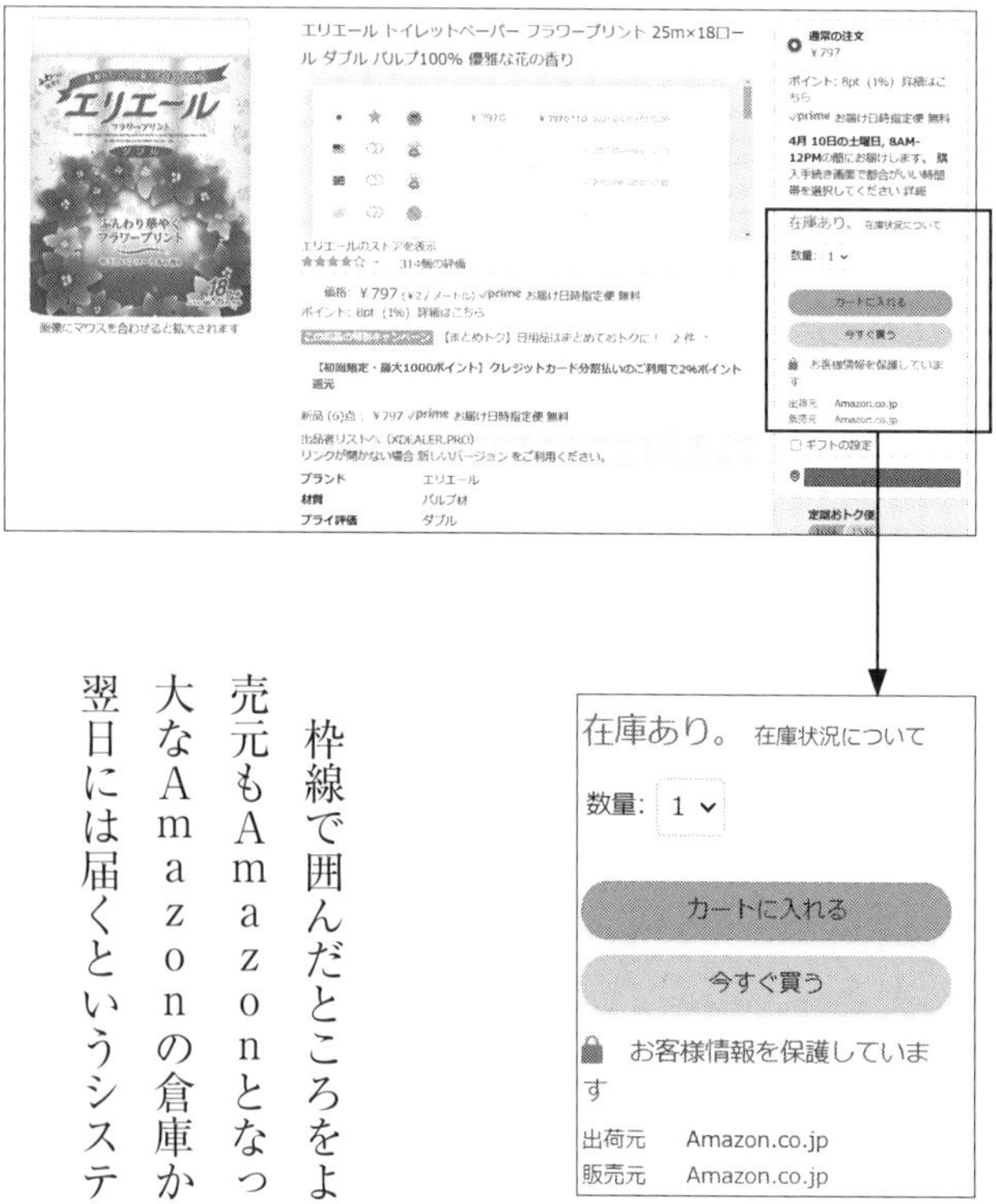

Amazon で商品を購入するとき「カートに入れる」を押す。

枠線で囲んだところをよく見てください。出荷元も販売元もＡｍａｚｏｎとなっていますので、全国にある巨大なＡｍａｚｏｎの倉庫から出荷して、お客様のもとに翌日には届くというシステムです。

この商品は、[redacted]が販売、発送します。
サイズ: **本体のみ**

※ Amazon 以外の出品者が販売をしています

Amazonで商品を購入するとき、「カートに入れる」ボタンを押して購入する手続きを取ります。このシステムがAmazon販売の重要なポイントです。

では、上の写真をご覧ください。人気ゲーム機の「Nintendo switch」です。購入したいのでカートに入れて注文……の前にちょっと待ってください。

「カートに入れる」の下に出荷元、販売元Amazonという項目がないため、AmazonではなくAmazonセラーが販売していることがわかります。

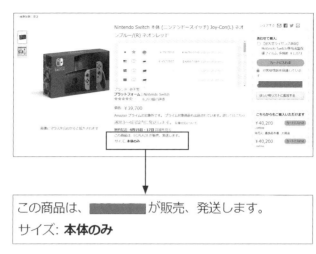

値段が高いような気がしませんか?

任天堂の公式ホームページを見ると32978円(税込)というのが本当の値段です。Amazonでは39700円ですから、税込価格で比較すると6722円も高いことがわかります。また前のページのトイレットペーパーと見比べてみると、出荷元と発送元がAmazonになっていません。

これは、**Amazonではない別のお店が出荷と販売を行っている**のです。別のお店のことを「セラー」と言います。

セラーは日本全国各地にいます。外国から参入しているセラーもいます。Nintendo switchはこのとき品薄状態にあり、**Amazonが在庫を持っていないため、**セラーが家電量販店やおもちゃ屋などからNintendo switchを集めてきて、Amazon上で販売を行っている、ということです。

つまり、セラーがAmazonからこのカートを奪い取り、さもAmazonが売っているかのように販売をしているため、通常の定価よりも高くなっています。

そんなことが許されるのがAmazon販売です。カートが取れれば、Nintendo switchみたいな人気商品はあっという間に売れてしまいます。

Amazonで販売をしているセラーはこの「カート取得」に心血を注いでいます。どうすればカートが取れるのかは、Amazon独自のルールがあり非公開になっていますが、以下の条件ではないかと予想されます。

・Amazonが在庫を持っていないこと
・価格が他のセラーよりも安いこと
・出荷・配送時間が短いこと（早く購入者に届けることができること）
・セラーのアカウント力が強いこと
（販売点数が多い・開設してからの年数が経っている。購入者からの評価が高いなど）

Amazonで商品を購入する人の大半は「スピード」重視です。

今日欲しいと思ったら、明日には手元にある状態を望んでいます。もちろん値段が法外に高ければ購入を控えるかもしれませんが、あまり大差のない価格であればＡｍａｚｏｎから購入する人が多いことは間違いありません。そもそも値段を気にしていない購入者も多いです。

そこに購入者とセラーとＡｍａｚｏｎの3者の利害関係が一致します。

・「購入者」はＡｍａｚｏｎを使えば商品がすぐに届くので、高くても購入する
・「セラー」は仕入れた値段よりも高く売れるので仕入れをして欲しい人に売る
・「Ａｍａｚｏｎ」はセラーから販売手数料を徴収することができる

こういったビジネスのプラットフォームを作り上げたＡｍａｚｏｎはすごいですね。

ここまで読んでお気づきになった方もいらっしゃるかもしれませんが、Ａｍａｚｏｎで商品を購入するときは気を付けてください。もしかしたら近所の家電量販店で1万円で買えるドライヤーが、Ａｍａｚｏｎでは3万円で売られているかもしれませんからね。

補足になりますが、**小口出品者は絶対にカートが取れない決まりになっています。**このことはＡｍａｚｏｎ販売の上で大きなデメリットになるのです。**本気でＡｍａｚｏｎビジネスに行くなら大口一択です。**

Ａｍａｚｏｎ出品アカウントを作ってみよう

☆セラーアカウントの作り方

では、セラーアカウントを作成してみましょう。すでに作っている場合は次に進んでください。大口出品者は月額料金がかかりますので、ひとまず小口出品者で登録してから大口にチェンジすることもできます。

☆用意するもの

□銀行口座

本人確認や売上の受け取りに使います。家計の口座やプライベートの口座と分けて作っておきましょう。同一口座にしてしまうと売り上げがたくさん増えて確定申告を行うときに大変面倒になります。

□クレジットカード

クレジットカードは、本人確認や大口の月額手数料の支払いに使用します。クレジットカードがない場合は、デビットカードでも問題ありません。また、大口出品の月額料金4900円（税抜）は、このクレジットカードから引き落とされることになります。売上金があれば、月額使用料は売上金から引かれます。こちらも銀行口座同様、プライベートで使っているものとは別のカードを使用するようにしましょう。

□メールアドレス

Amazonからの連絡を受け取る際に使用します。Gメールなどで構いません。できればAmazon専用のアドレスを取得しておきましょう。

□電話番号

本人確認に使用され、登録の際に必要となります。携帯電話の番号で認証を受ける形になります。

□本人確認書類

以下の2点を提出する必要があります。

・有効期限内の顔写真入りの身分証明書1部

パスポートや運転免許証のいずれかひとつの提出が求められます。身分証に顔写真が入っていることや、氏名がセラーセントラルに登録する情報と一致していること、提出の際のファイル形式など細かい注意点があります。正しい形式で提出するようにしてください。

・過去180日以内に発行された各種取引明細書1部

クレジットカードの利用明細書・インターネットバンキング取引明細・預金通帳の取引明細・残高証明書のいずれかひとつを提出することになっています。提出の際のファイル形式など、こちらの書類にも注意点が複数ありますので注意してください。

Amazon出品サービスのサイトに移動します。

https://services.amazon.co.jp/services/sell-on-amazon/fee.html

①大口で登録したい場合は「大口出品者として登録」を選択。小口出品者でまず登録し

たい場合は「小口出品者として登録」を選択してください。

②「アカウントを作成」で、名前、メールアドレス、パスワードを入力して「次へ」を押して下さい。

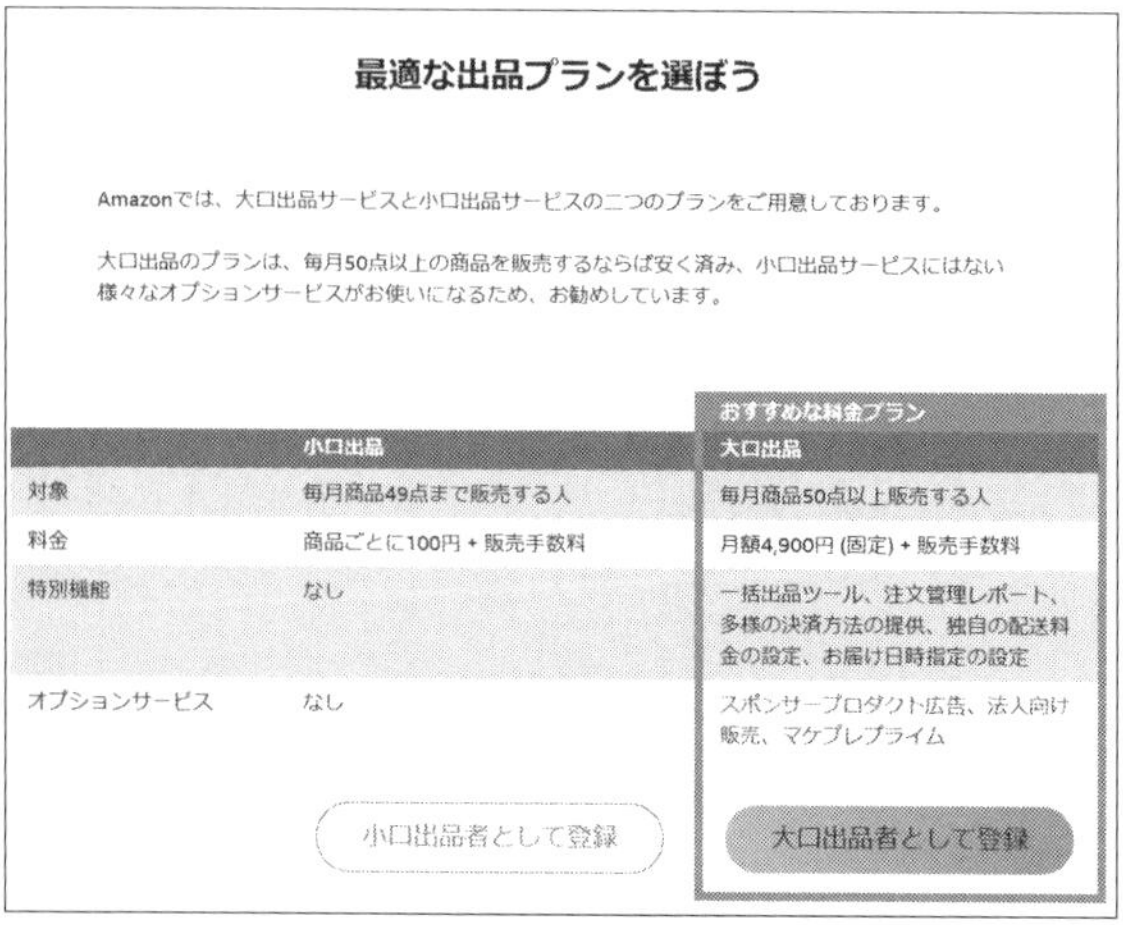

最適な出品プランを選ぼう

Amazonでは、大口出品サービスと小口出品サービスの二つのプランをご用意しております。

大口出品のプランは、毎月50点以上の商品を販売するならば安く済み、小口出品サービスにはない

様々なオプションサービスがお使いになるため、お勧めしています。

	小口出品	おすすめな料金プラン 大口出品
対象	毎月商品49点まで販売する人	毎月商品50点以上販売する人
料金	商品ごとに100円＋販売手数料	月額4,900円 (固定) ＋ 販売手数料
特別機能	なし	一括出品ツール、注文管理レポート、 多様の決済方法の提供、独自の配送料 金の設定、お届け日時指定の設定
オプションサービス	なし	スポンサープロダクト広告、法人向け 販売、マケプレプライム

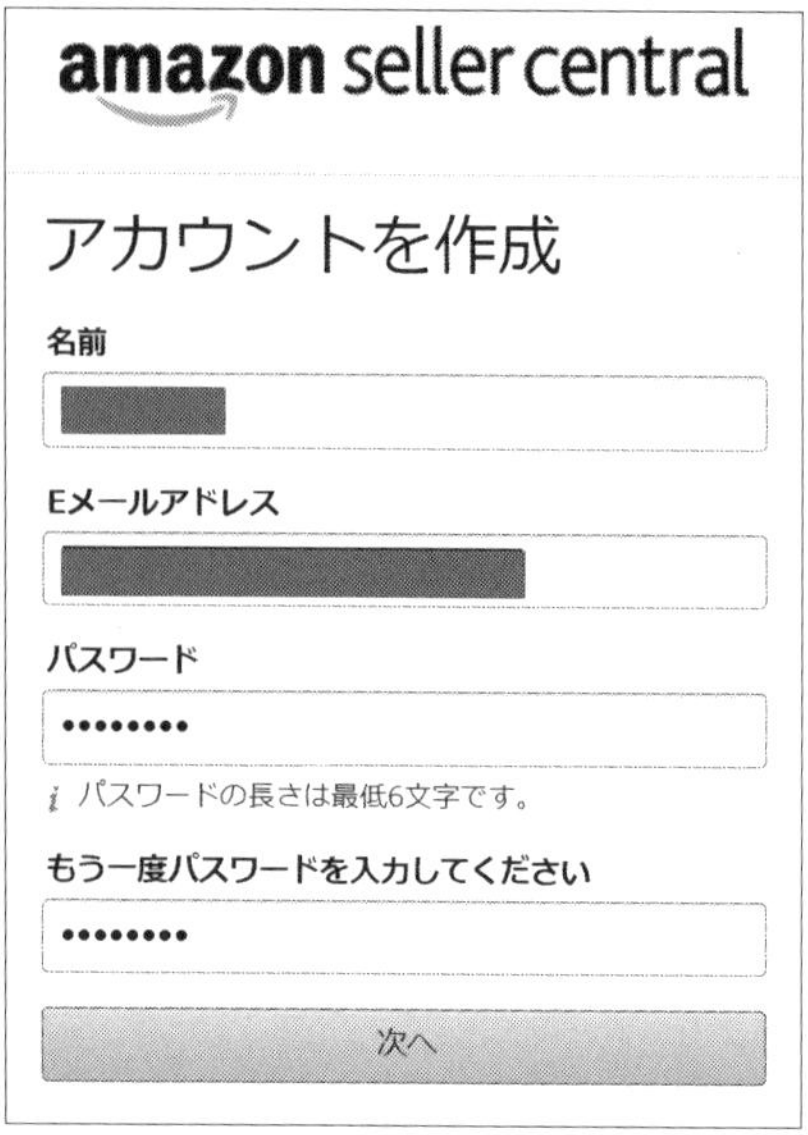

amazon seller central

パスワードの長さは最低6文字です。

③メールアドレスに6ケタの認証コードが届いたら、入力して、「アカウントの作成」を押してください。

④「事業所の所在地」「業種」を選択し、「氏名」を入力して「同意して続行する」を押す

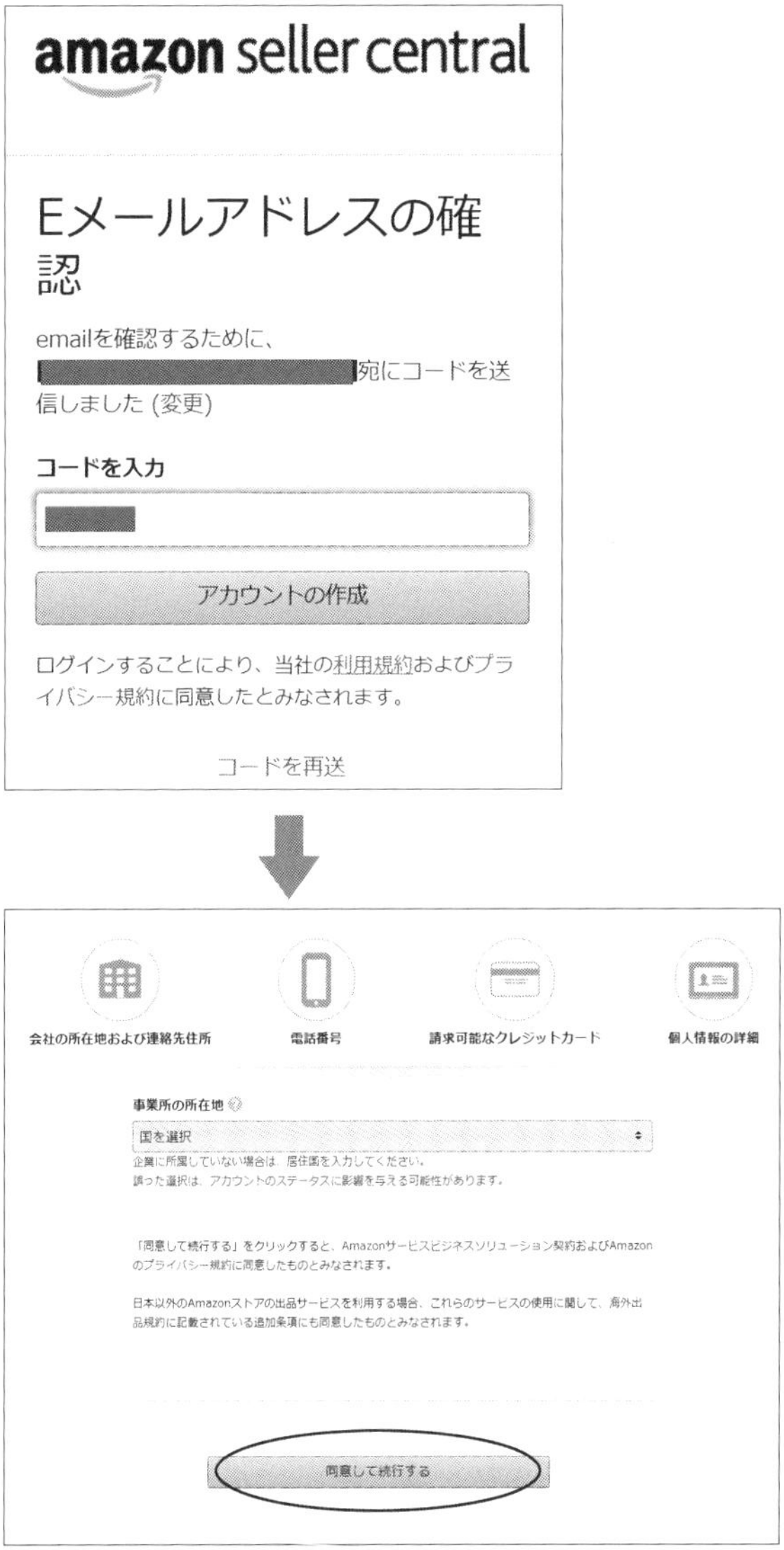

⑤個人情報欄を入力していきます。下のほうに「ワンタイムパスワードの取得方法」があるので、SMSを選択して電話番号を入力し、「SMSを送信する」を押す。

電話番号にワンタイムパスワードが来るので入力して「検証」を押す。

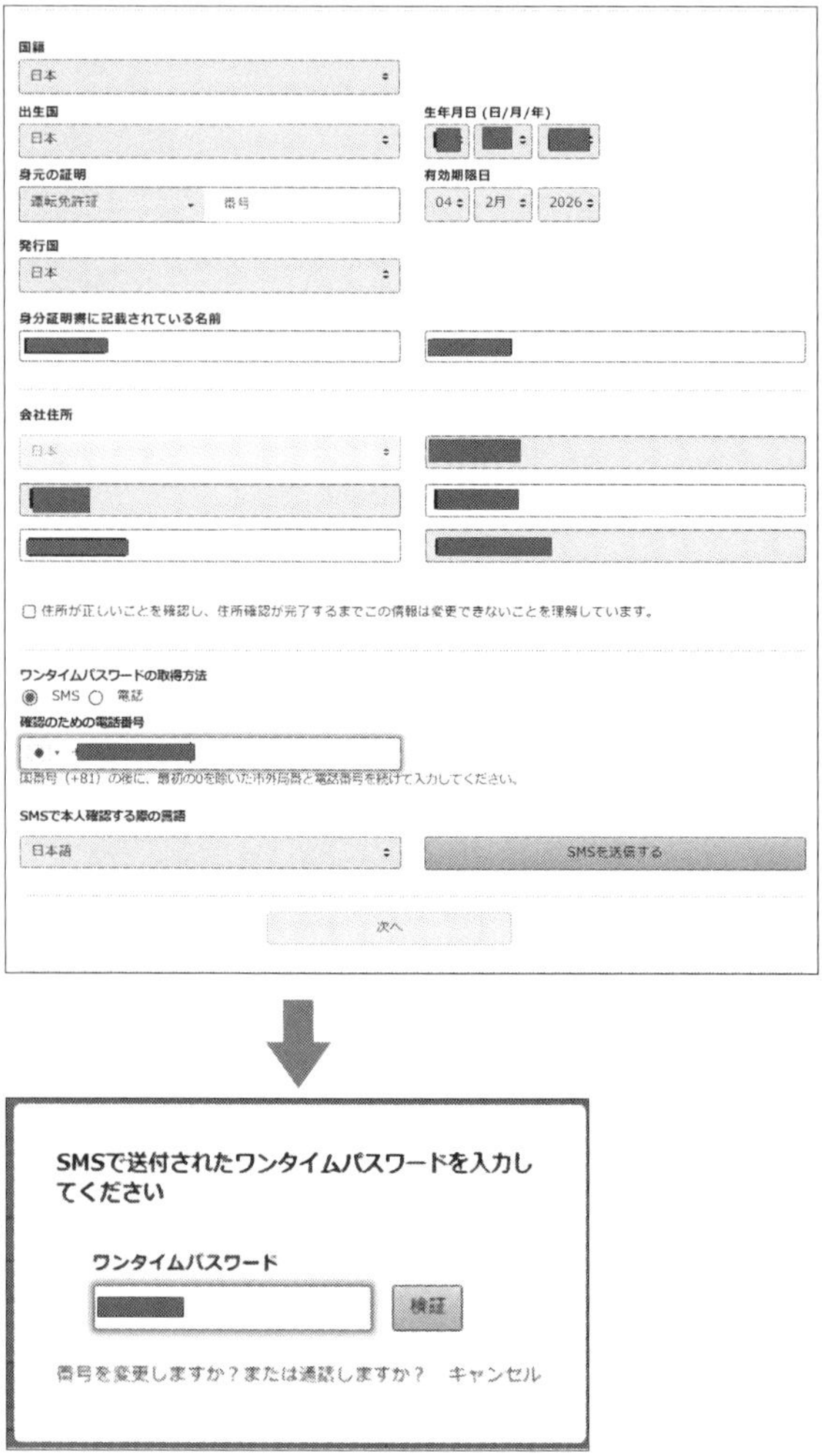

⑥クレジットカードの情報を入力します。次にストア名を入力します（自由に決められます）。「すべての商品にＵＰＣ／ＥＡＮ／ＪＡＮコードは付いていますか？」は「はい」を選択し、「Ａｍａｚｏｎで出品を希望する商品のメーカーまたはブランド所有者（あるいはブランドの代理店や代表者）ですか？」は「いいえ」を選択※ご自身のブランドをお持ちの場合は「はい」を選択してください。

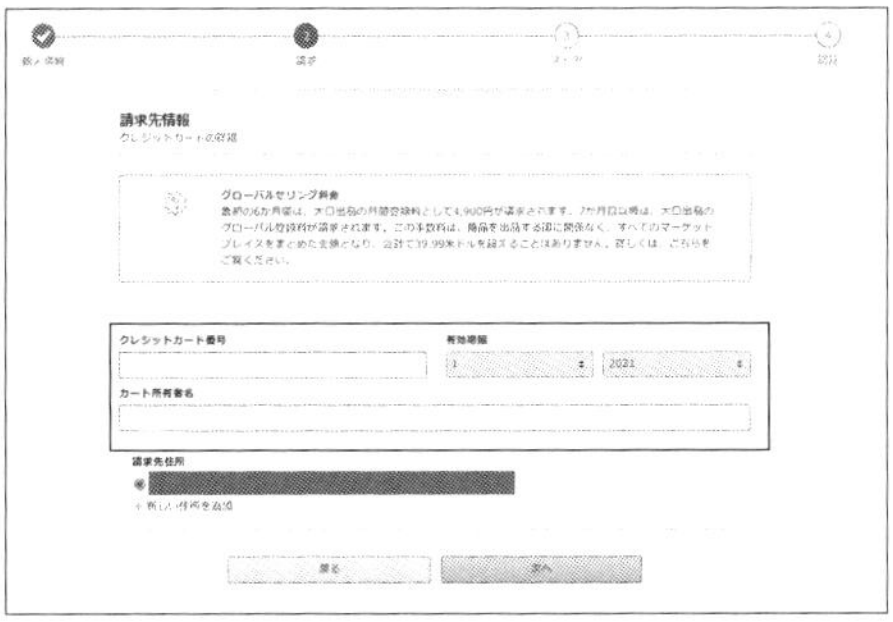

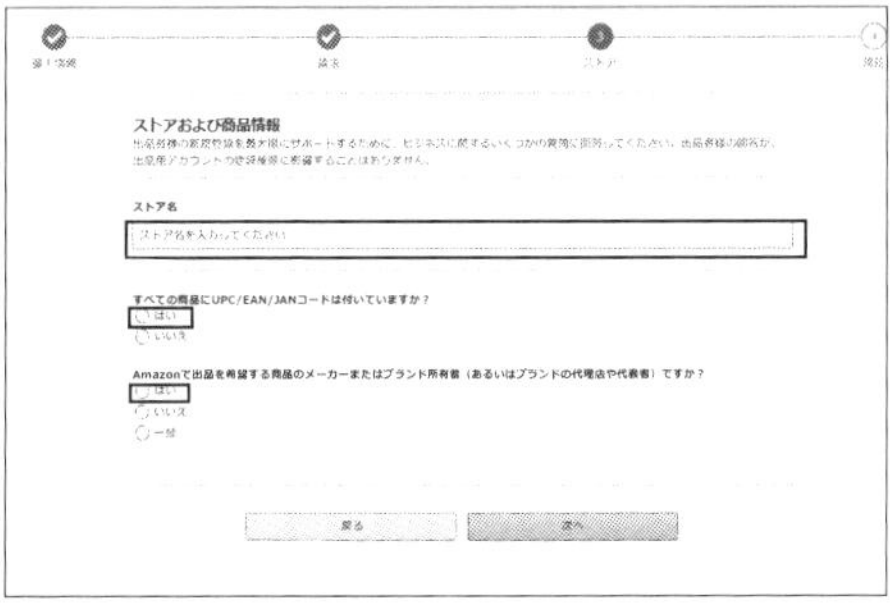

⑦本人確認書類と銀行口座の取引明細書を正しい形式でアップロードして送信を押してください。これで登録の申請は完了です。2~3営業日で審査の結果が来ます。不備があった場合は指示に従って再登録してください。

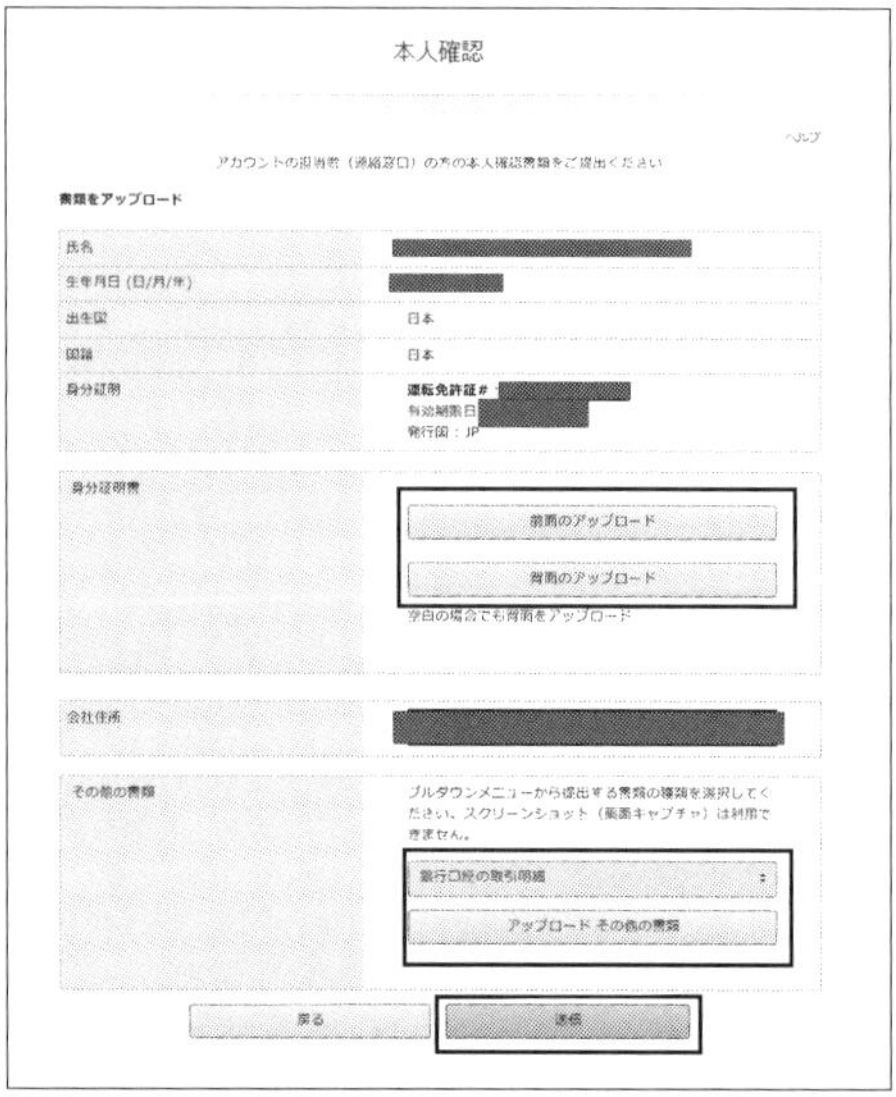

さっそく出品して稼いでみよう

☆何か売ってみよう

アカウントが開設できたら、さっそくメルカリ感覚で何か売ってみましょう。**おススメはいらなくなった本です。**家を探せば1冊くらいは出てくるでしょう。Amazonは新品と中古の両方のコンディションで出品可能です。（コレクター商品という出し方もありますがほとんど使いませんので省きます。）

これは利益を出すためではなく、Amazon販売に慣れていくための作業です。販売手数料や送料、梱包費がかかりますのでご了承ください。出品しても売れないこともありますから、できればトレンドになっていて（賞を受賞した本など）一度読んだので不要な本があればベストです。あまりにボロボロな本はやめておきましょう。クレームの元になります。

「売れる」という成功体験が、自信となります。

①セラーセントラルで「カタログ」→「商品登録」をクリック。
②検索窓の中に商品のＩＳＢＮを入力（本の裏面のバーコード）。

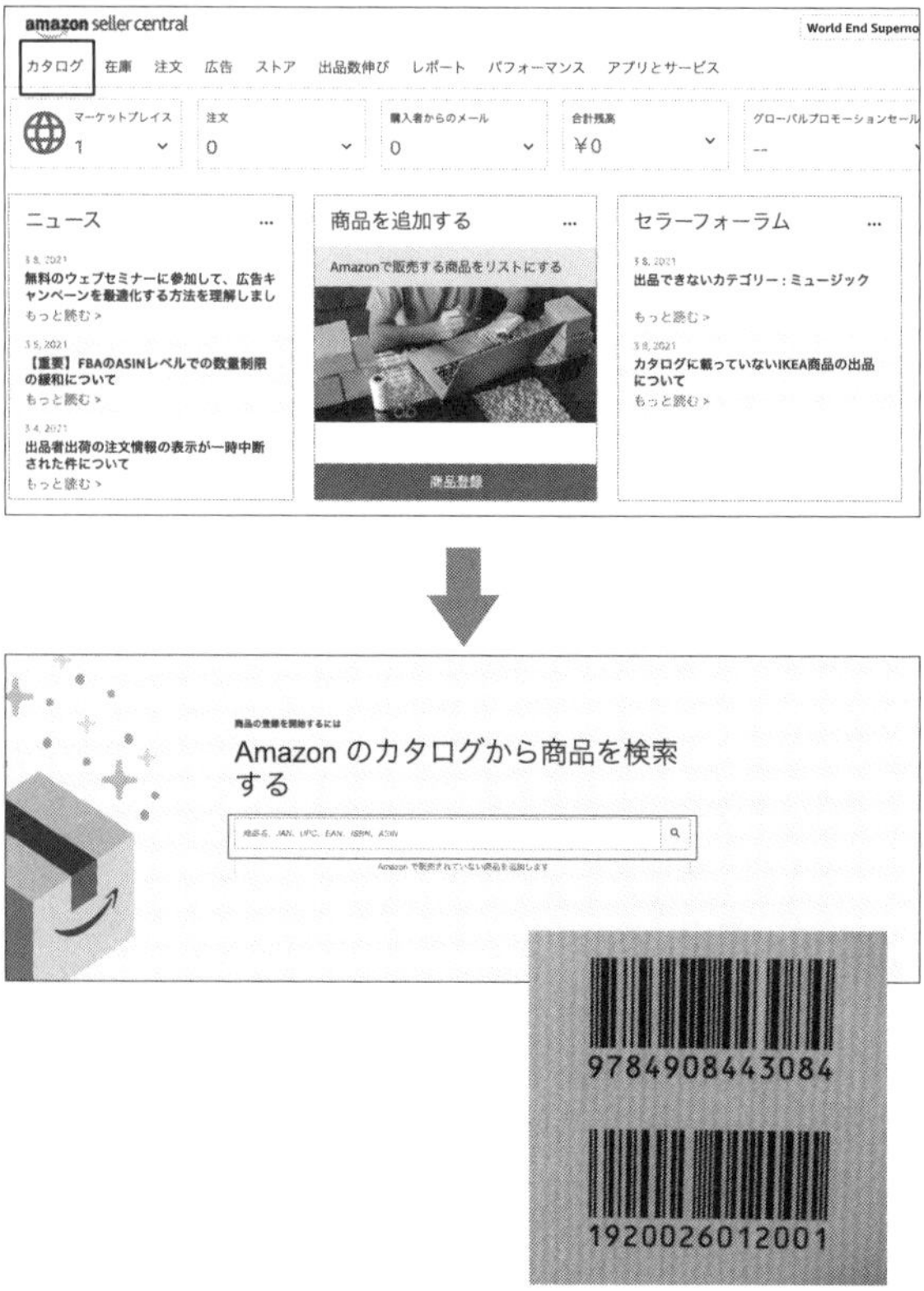

③コンディションは中古を選択して出品画面に進む。
④画面に従って必要項目を入力。

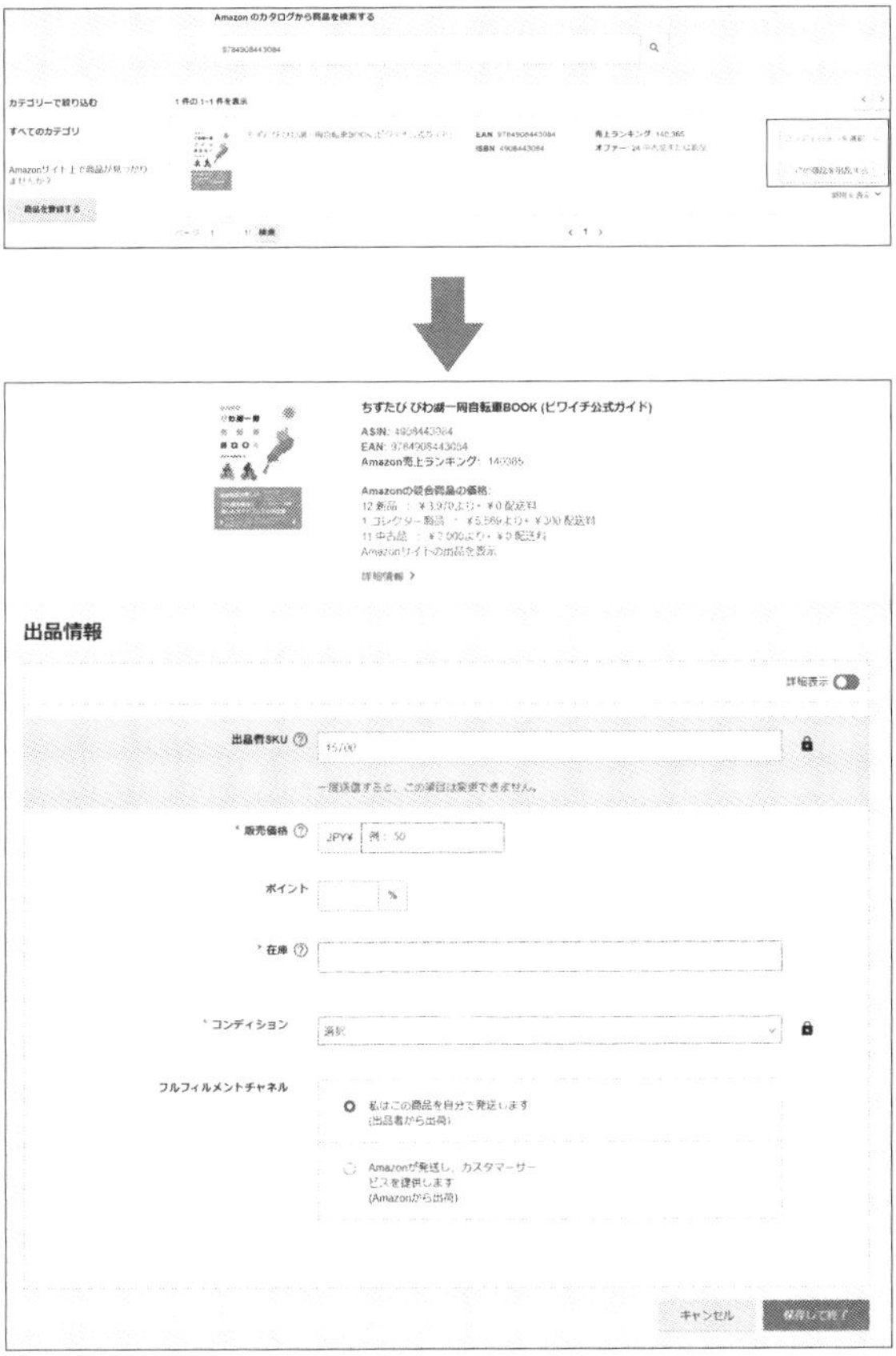

☆発送方法はクリックポストがおススメ

納品書まで入れたら封入し、発送用のラベルを作ります。発送は日本郵便の「クリックポスト」がおススメです。厚さ3センチ・長さ34センチ・幅25センチ・重さ1キログラムまででしたら、全国一律198円で送ることができます。ラベルをプリンターで印刷し、封筒に貼り付けてポストに投函するだけです。追跡番号も付いて安心ですし、土日にも配達されるので、Ａｍａｚｏｎ販売をするうえで大変便利なサービスです。

日本郵便のクリックポストはこちらのＵＲＬから進んでください。

https://clickpost.jp/

なお、クリックポストの利用にはＹａｈｏｏ！かＡｍａｚｏｎのアカウントで利用者情報を登録し、クレジットカード決済になっています。あらかじめ登録しておいてください。

①ヤフーかＡｍａｚｏｎのアカウントでログイン。
②１件申込をクリック
※このページではヤフーでログインしています

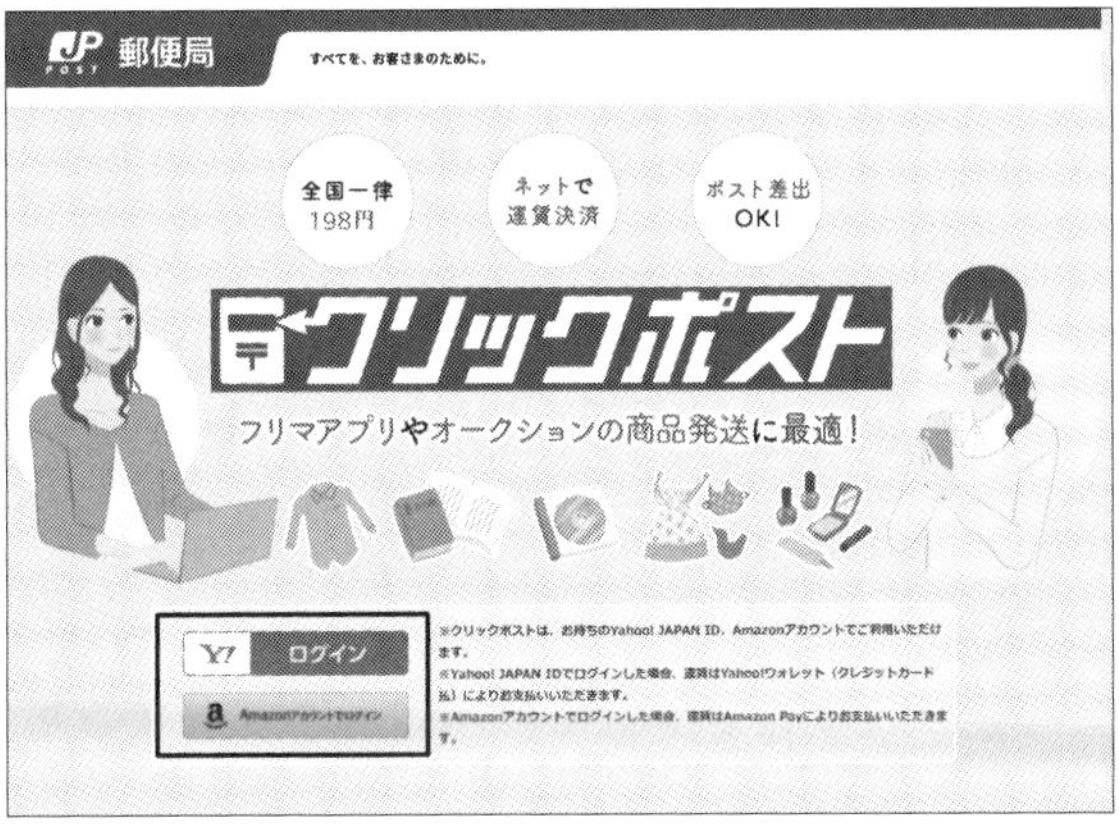

郵便局
すべてを、お客さまのために。
クリックポスト
Yahoo! JAPAN IDでログイン中
[前回ログイン日時]
2021年03月11日 09時43分
ログアウト | ご利用の流れ | よくあるご質問・お問い合わせ
1件申込
お届け先情報と内容品を入力の上、「次へ」をクリックしてください。
アドレス帳の利用
アドレス帳を利用する場合は、こちらから選択してください
郵便番号
必須
検索
郵便番号に誤りがある場合、配達が遅れる可能性がございますのでご注意ください。
(例 123-4567、1234567)
お届け先住所
必須
(1行につき全角 20文字(半角 40文字)以内 × 4行まで)
お届け先氏名
必須
様
(敬称を除き、全角 20文字(半角 40文字)まで)
アドレス帳への保存
アドレス帳に保存する
内容品
必須
(全角 15文字(半角 30文字)まで)
マイページへ
次へ
企業情報 | 利用規約 | プライバシーポリシー | よくあるご質問・お問い合わせ
日本郵政グループ
Copyright (C) JAPAN POST Co.,Ltd. All Rights Reserved.

③購入者の郵便番号、住所、氏名を入力し、内容品は「書籍」と入力。

④「お支払い手続きへ」をクリック。

⑤登録してある電話から4ケタのパスワードを受け取って「ログイン」をクリック。

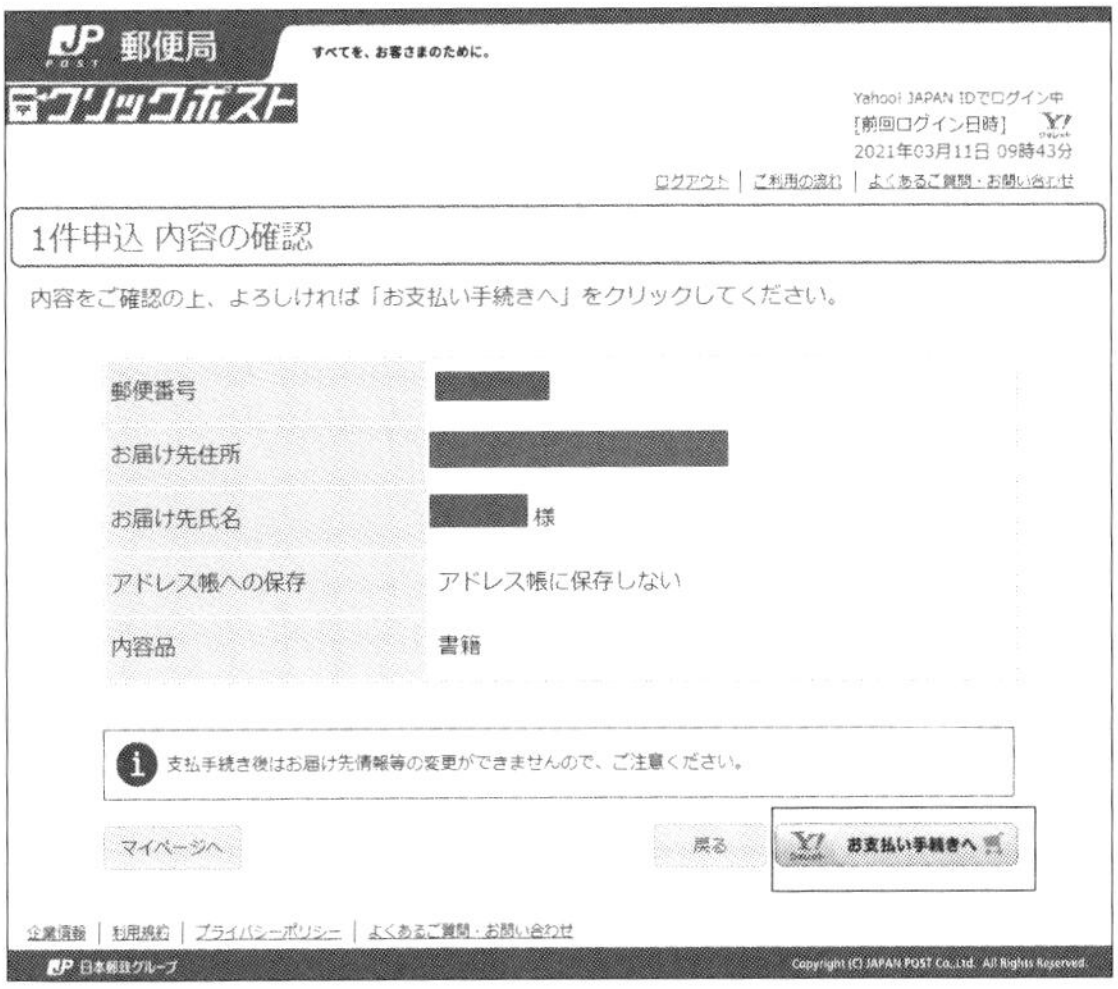

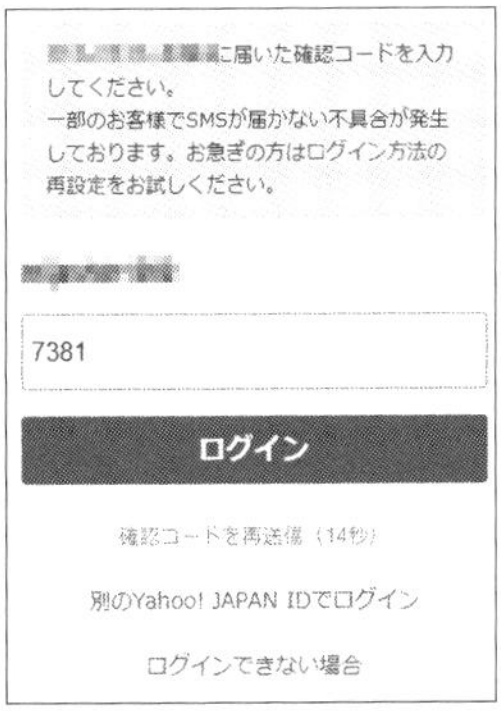

⑥支払いするクレジットカードを選択して、セキュリティーコード（カードの裏面の3ケタ）を入力する。「上記規約情報に合意する」をチェックして「次へ」をクリック。

※カード登録が済んでいない人は新しいカードを登録してください。

⑦「支払い手続き確定」をクリック。

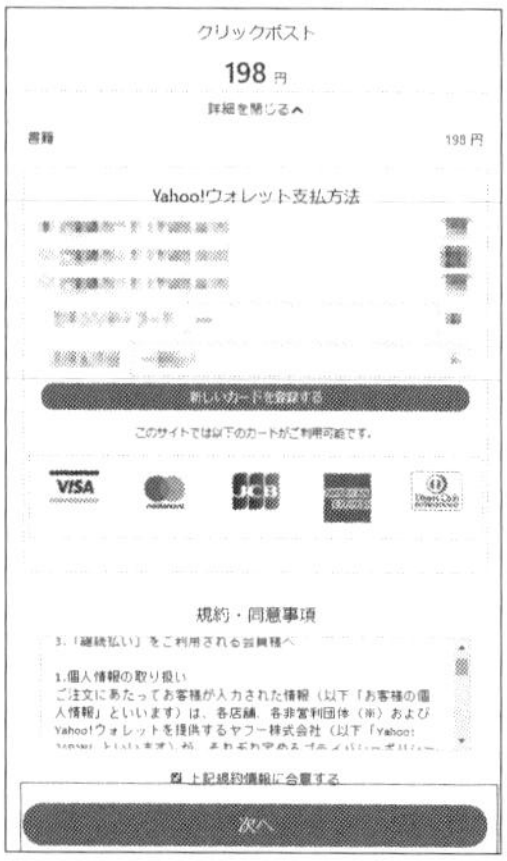

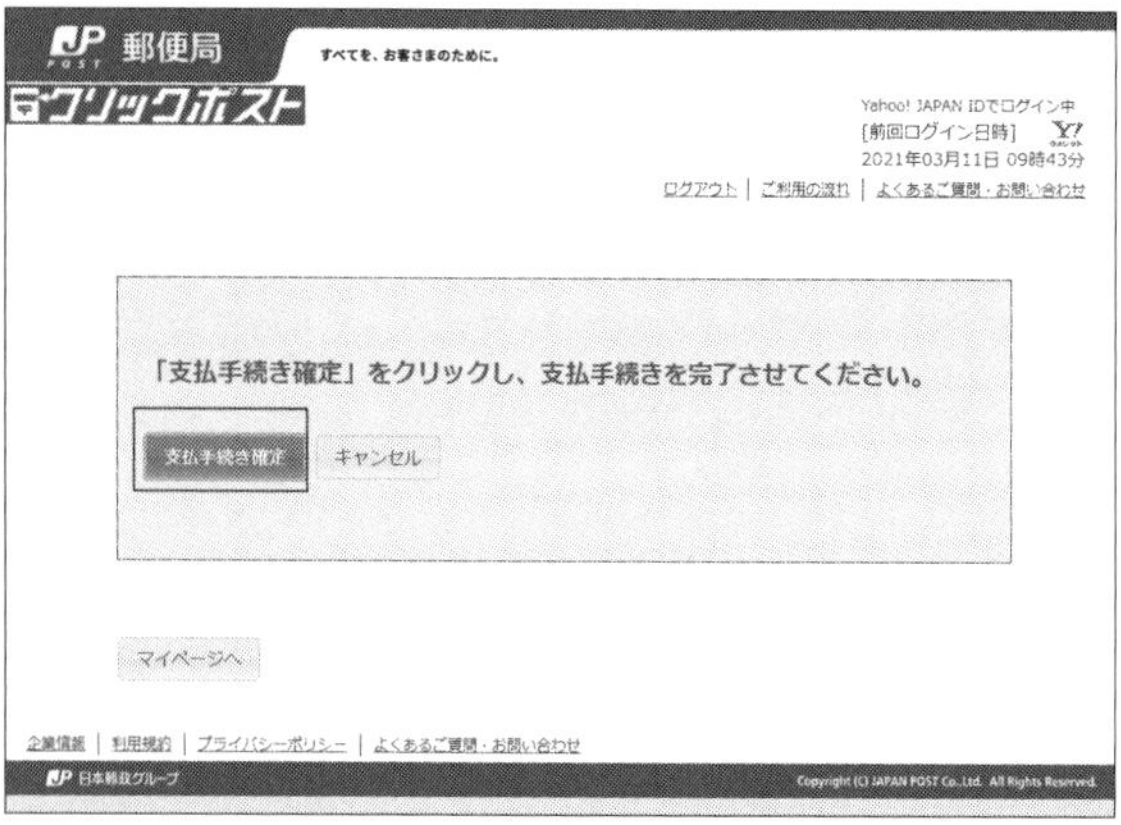

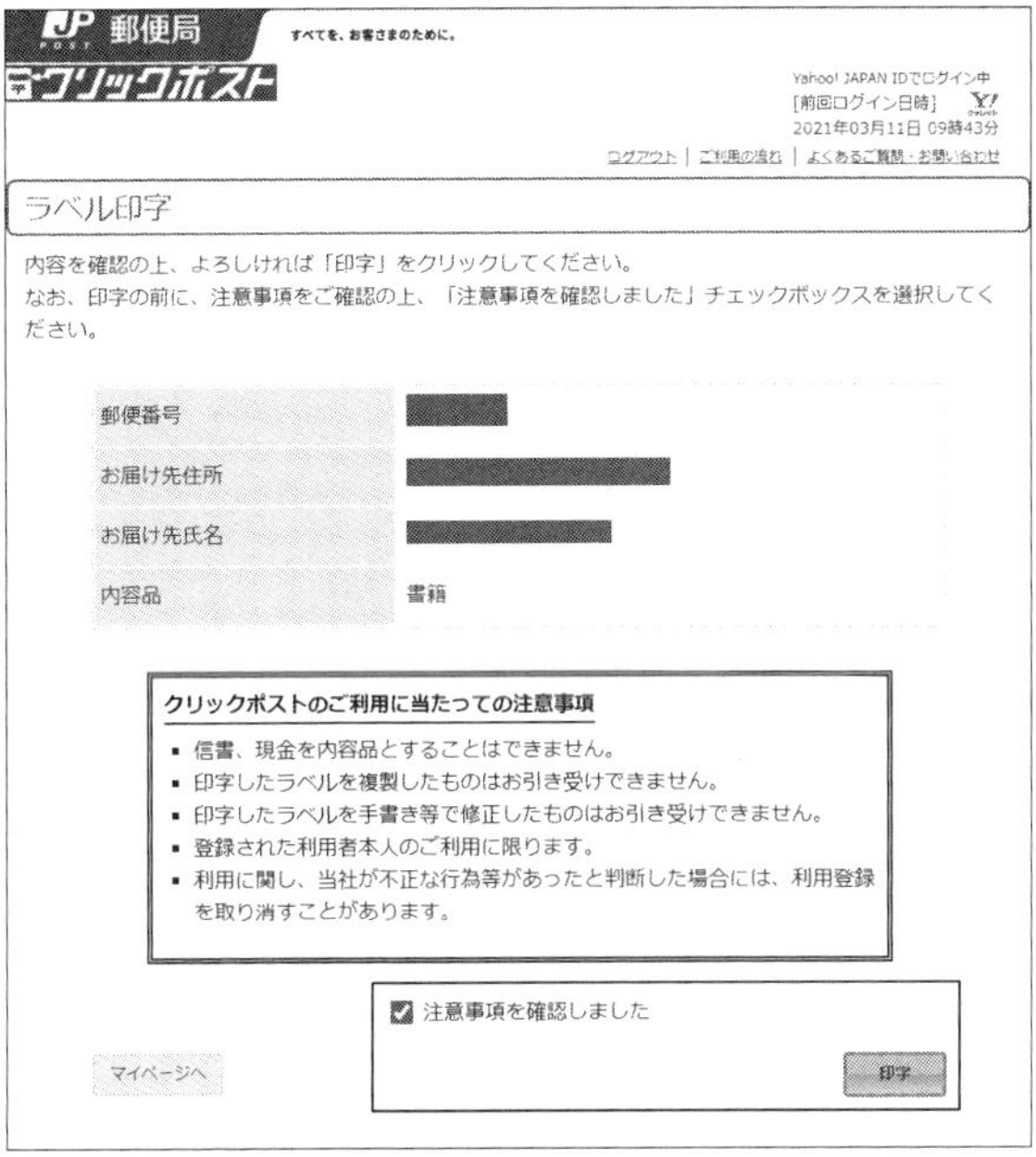

⑧「注意事項を確認しました」にチェックし、印字をクリック。

⑨ラベルのデータが出力されるので、印刷してください。

⑩商品を入れた封筒にラベルを貼り付けて準備完了！

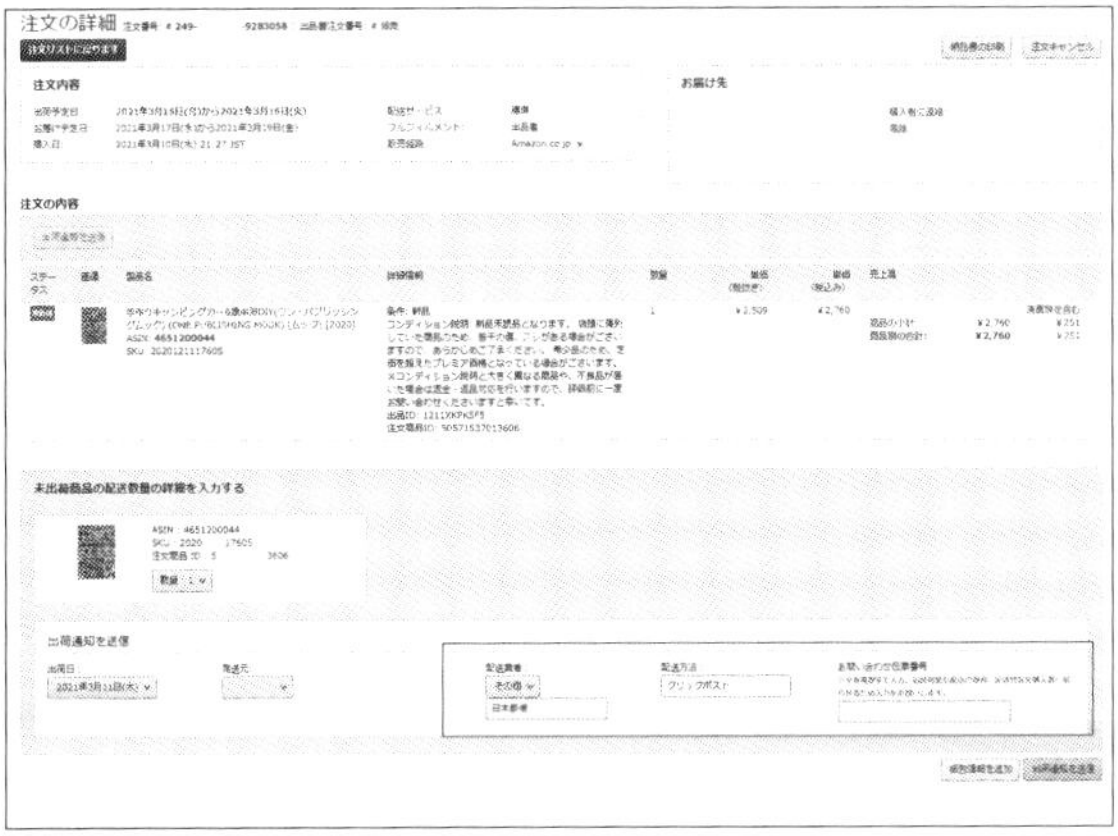

⑪Amazonセラーの注文管理画面に戻ります。ポストに投函した後、配送業者「日本郵便」を選択、配送方法を「クリックポスト」、追跡番号を「お問い合わせ伝票番号」に入力して、「出荷通知を送信」をクリック。

☆我が家にこんなお宝があった！

自宅の本棚に、もしかしたらすごい高値で売れる本があるかもしれませんよ。私の本棚にあったお宝本を紹介しますね。

徳間文庫の『アミ小さな宇宙人』（エンリケ・バリオス著）という本をご存じでしょうか？　Ａｍａｚｏｎで販売されている画面を見ると、とんでもない高値で取引されていることがわかります。定価は６００円程度です。現在の中古の値段の５３００円で売れたとすると、仕入れや送料・手数料を差し引いても３５００円くらいの利益になります。こんな本が自宅にあったらとてもうれしいですね。

この「アミ」は続編が2巻あり、どれも大変高値で売られています。もしかしたら近所のＢＯＯＫ ＯＦＦにあるかもしれません。または、フリマアプリで見つかることもありますので、探してみてくださいね。

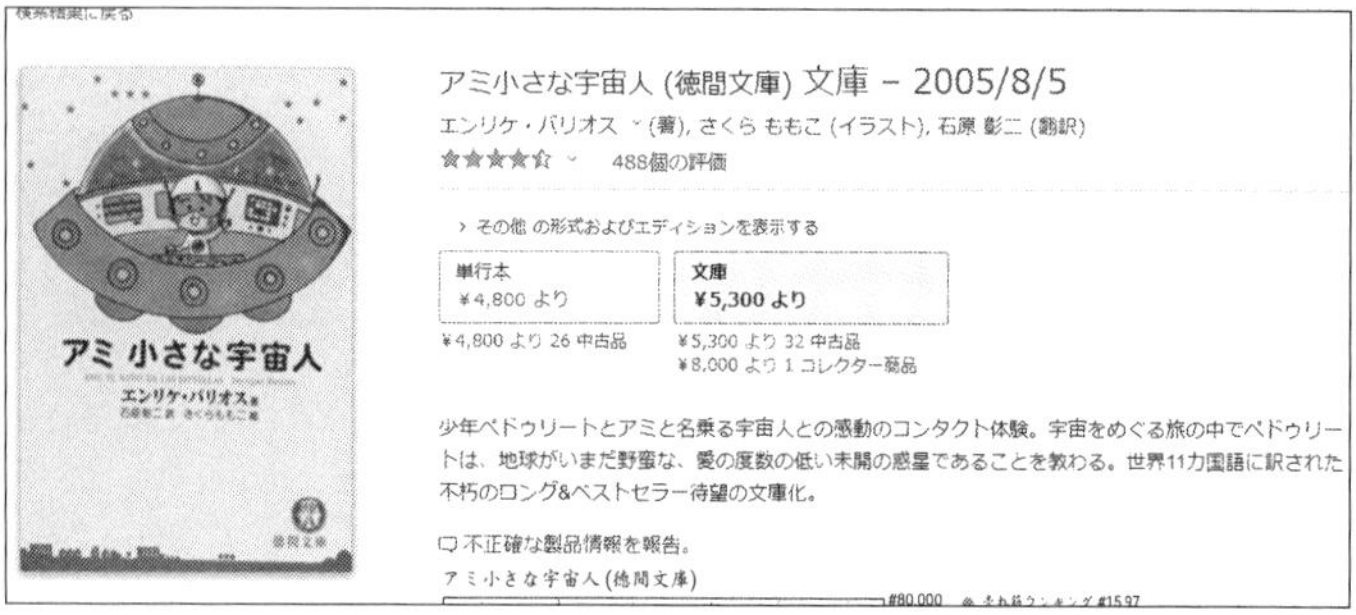

☆本せどりをやってみよう！

では、私が取り扱ったジャンルと手法をお伝えします。

それは「本」です。

Amazonで本を販売するメリットは次の5つです。

①仕入れが比較的安くできる

新品本なら500円～、古本であれば100円～の仕入れが可能です。資金が少ない人にはまずスタートしやすいのではないでしょうか。

②利益商品を覚えてリスト化すればどこでも探すことができる

売れる本がわかると、頭の中にどんどんインプットされます。それをリスト化していけば、近所だけではなく旅先などでも仕入れられます。

③出品の規制がほとんどかからない

家電やレゴブロックなどは、Ａｍａｚｏｎが出品を規制している場合があります。本はせっかく仕入れたのに出品ができないということがほとんどありません。

④自宅からでも探すことができる

書店や古本屋に出かけて行って探すのでもいいですが、新品の本であれば自宅のパソコンやスマートフォンで在庫を探すことができます。

⑤自宅から発送できる（ＦＢＡを使う必要がほとんどない）

Ａｍａｚｏｎには「ＦＢＡ（フルフィルメント　ｂｙ　Ａｍａｚｏｎ）」というシステムがあります。これは自分で仕入れた商品をＡｍａｚｏｎの倉庫に送ることで出品ができるシステムです。

注文が入ったら、ピッキング、梱包、配送まですべてＡｍａｚｏｎが行ってくれるという大変便利なやり方ですね。

家電やおもちゃなどをガンガン仕入れたい場合は、ＦＢＡ利用のほうが有利です。注文は日本各地から入ります。大きくて重たい家電を自己発送でゆうパックやヤマト運輸発送していると、送料が高くなります。

しかし、本は小型のものが多く、クリックポストを使えば全国一律１９８円で送ることができるため、基本的にはＦＢＡを必要としません。また、ＦＢＡを利用する場合は在庫保管手数料と販売時の出荷・梱包・配送に対しての配送代行手数料がかかります。自己発送で行うよりも、利益が下がってしまいます。

もちろん、本の発送にＦＢＡが適さないものではありません。辞典のような大きい書籍を配送する場合はＦＢＡを利用することもあります。自宅から発送する時間が取れない方は、ＦＢＡで販売するほうが良いと思います。

ツールを活用して効率的に仕入れよう

☆Keepaを使って利益商品かどうかを判断する

本せどりの場合は、Keepa（https://keepa.com/#!manage）というツールが便利です。せどり用のツールは「プライスター」「せどりすと」などたくさんあります。そして、定額制のものが多いです。

たくさんツールを導入したからといって儲かるわけではありません。現状、私はこのKeepaのみを使っています。無料版もありますので試してみてくださいね。

Keepaでは、Amazonでの売価や売れた個数をグラフで視覚的に、ほぼリアルタイムで見ることができます。また、Amazonで高い利益を出せる商品を抽出して調べることができるので、時間のない副業の方には必須とも言えるツールです。ぜひ導入をしてみてください。

有料版は15ユーロ（海外製のツールのため）となっています。為替変動がありますが日本円で2000円程度です。

インターネットのブラウザはＧｏｏｇｌｅ Ｃｈｒｏｍｅを使用してください。その他のブラウザだと動作しません。

「アカウントの登録」を押して、ユーザ名、パスワード、メールアドレスを入力し、アカウント登録をします。

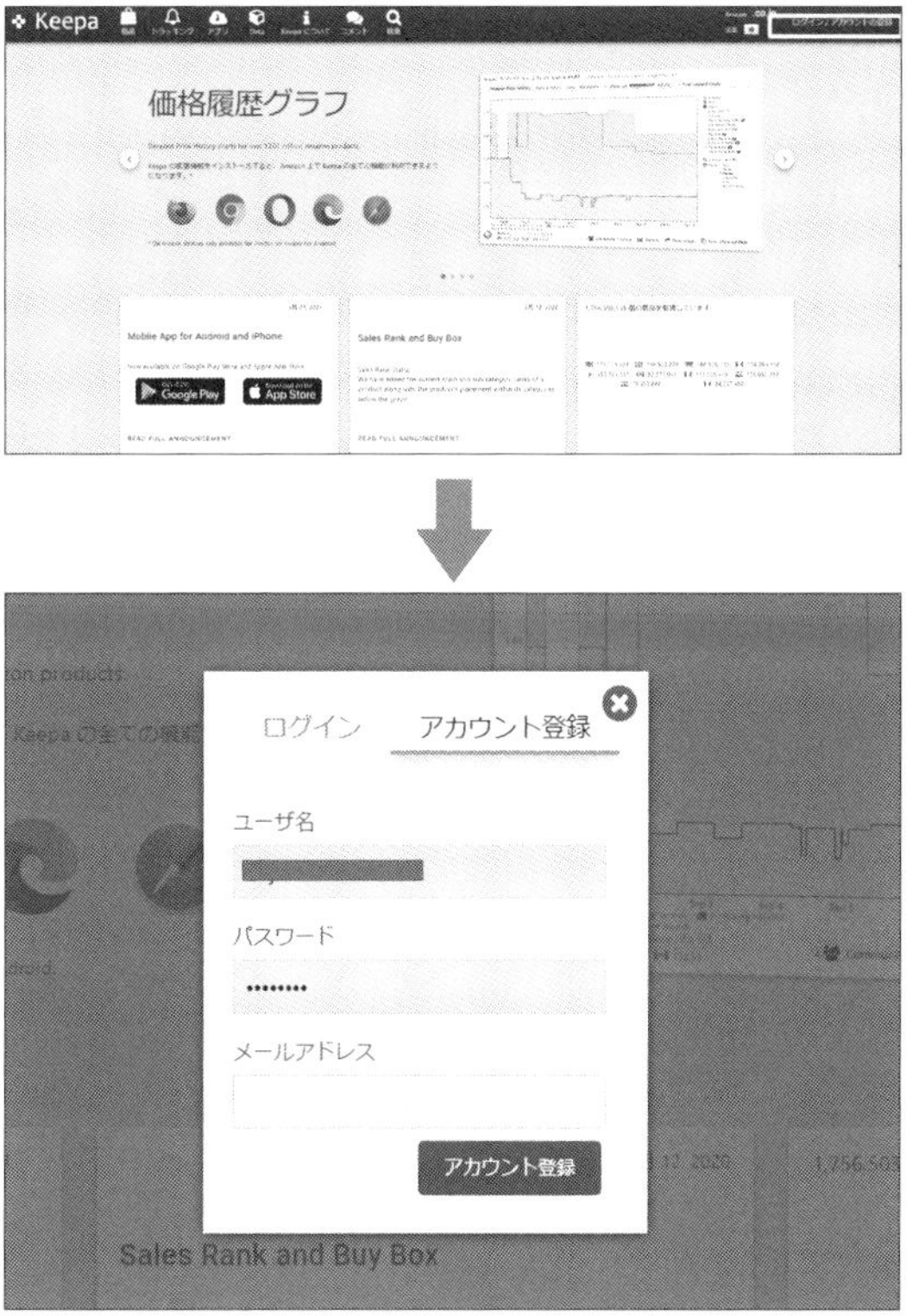

ユーザ登録ができるので、ユーザ名をクリックして「サブスクリプション」をクリックし、左側の「サブスクリプション」→「SUBSCRIBE」をクリックします。クレジットカード等の入力画面がでてくるので、入力して「SUBSCRIBE NOW」をクリックして、有料版の登録が完了します。

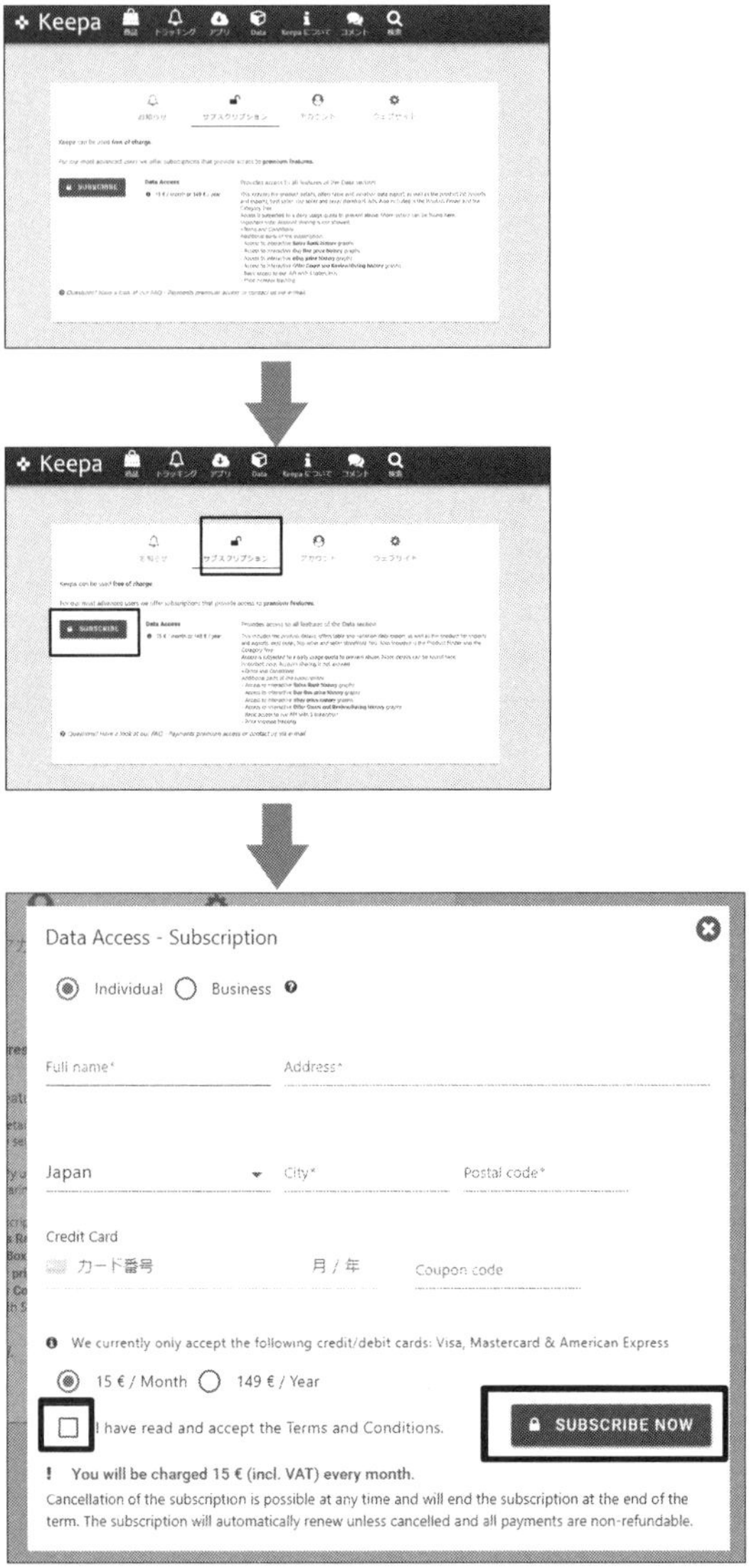

次に、Ｇｏｏｇｌｅ　ＣｈｒｏｍｅにＫｅｅｐａをインストールします。Ｃｈｒｏｍｅで「Ｋｅｅｐａ　拡張機能」と検索すると左の画面になります。太枠をクリックし、移動した画面でＣｈｒｏｍｅに追加をクリック。「拡張機能を追加」を選択します。

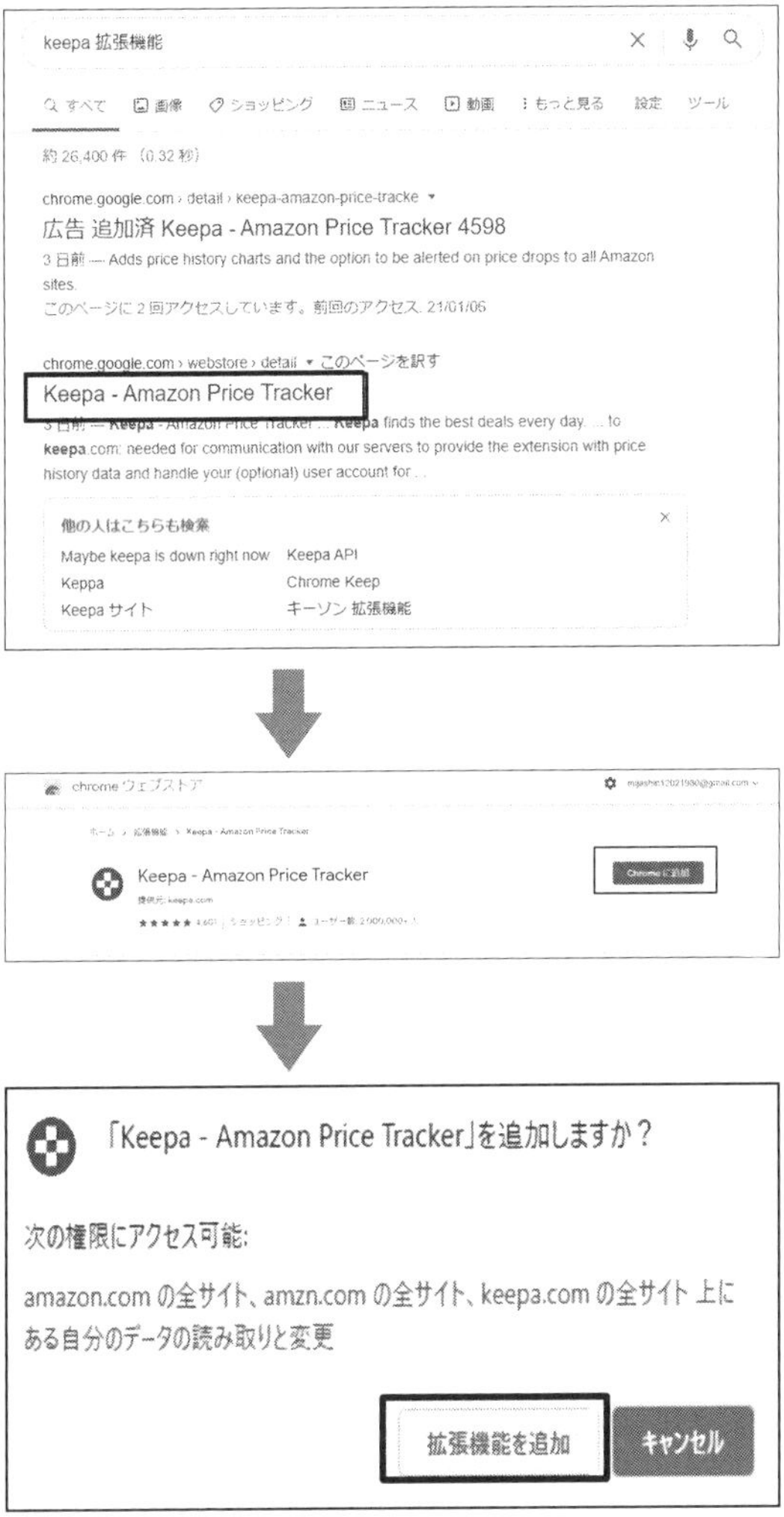

拡張機能に追加すると、AmazonのサイトにKeepaのグラフが出てくるようになります。

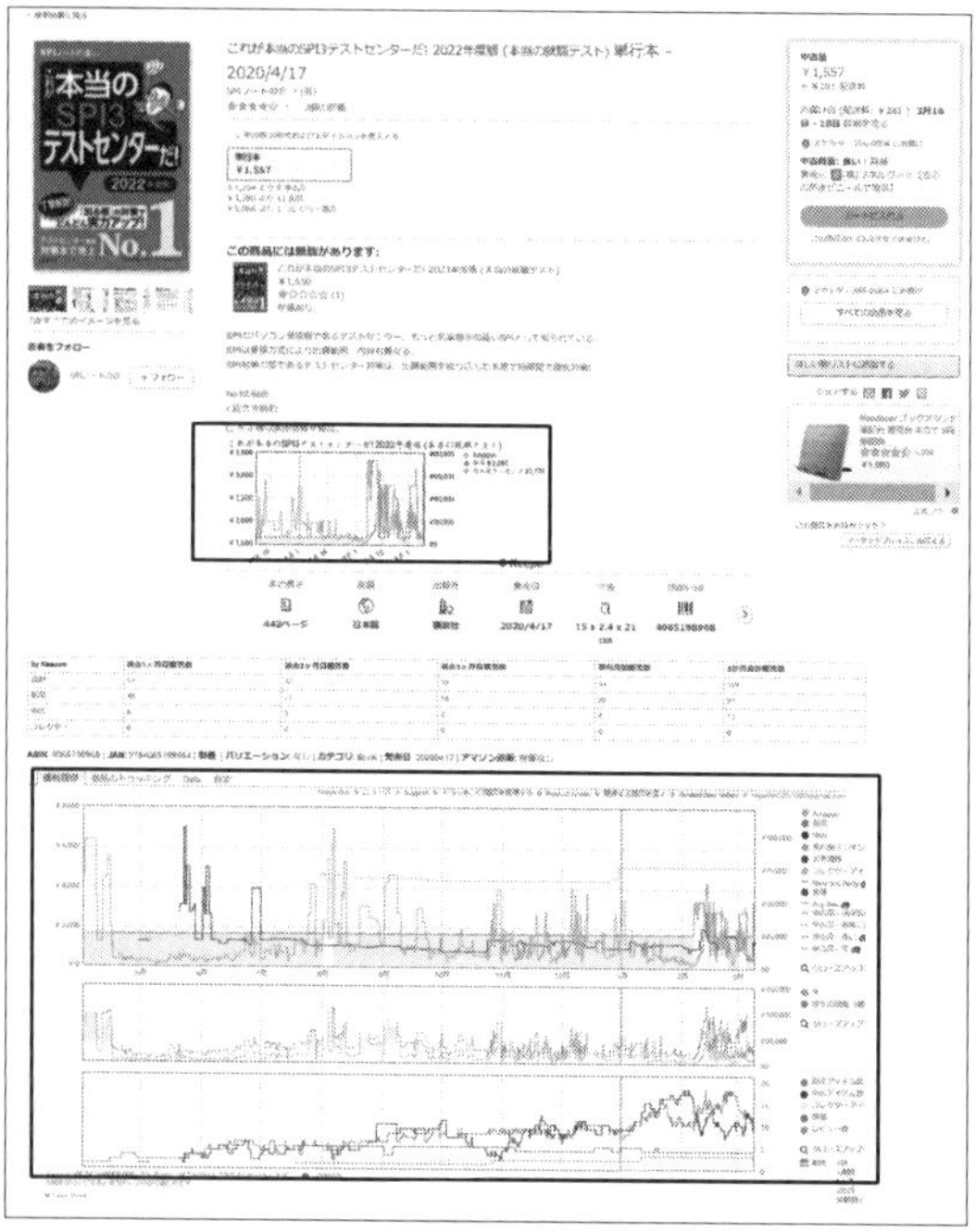

☆Ｋｅｅｐａのグラフを読み取って利益商品を探そう！

Ｋｅｅｐａが導入できたら、Ａｍａｚｏｎのサイト内で利益商品を探してみます。

まずは、よく売れているグラフと売れていないグラフを理解してください。下の写真は良い例です。一番上のグラフの太い折れ線（サイト上では緑色）がギザギザになっているのがわかります。これはＡｍａｚｏｎ内でのランキングを表します。商品がひとつ売れればランキングが上がり、折れ線グラフは下降し、売れなければ上昇していきます。ギザギザがいくつもあるということは、その商品が数多く売れていることを表します。

〈良い例〉

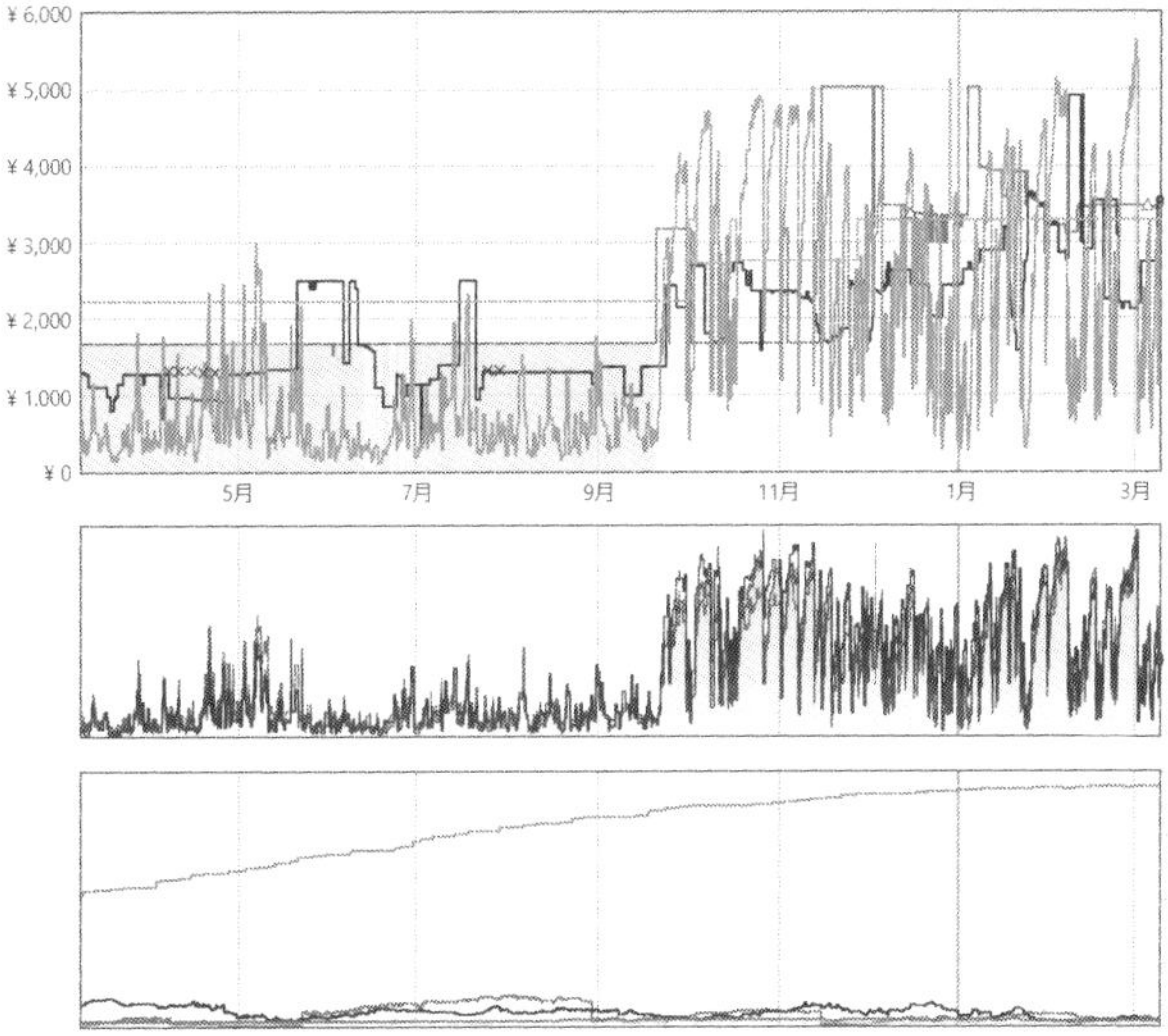

ランキングの動きが活発でよく売れていることがわかる

また、一番上のグラフで少し網掛け（サイト上ではベージュ）になっているのは、Amazon自体が販売をしていることを表します。9月の下旬ごろからこの色がなくなっていることは、Amazonが在庫を持たず、Amazon以外のセラーが販売をしていることを表しています。

次に悪い例です。下の写真のグラフのランキングの線がギザギザの状態になっておらず、ほとんど売れていないことがわかります。最後に売れたのは9月前後のあたりで、そこからランキングが上昇しながら一度も下に折れていかないため、売れていないのです。

そして、Amazonの在庫を表す網掛け

〈悪い例〉

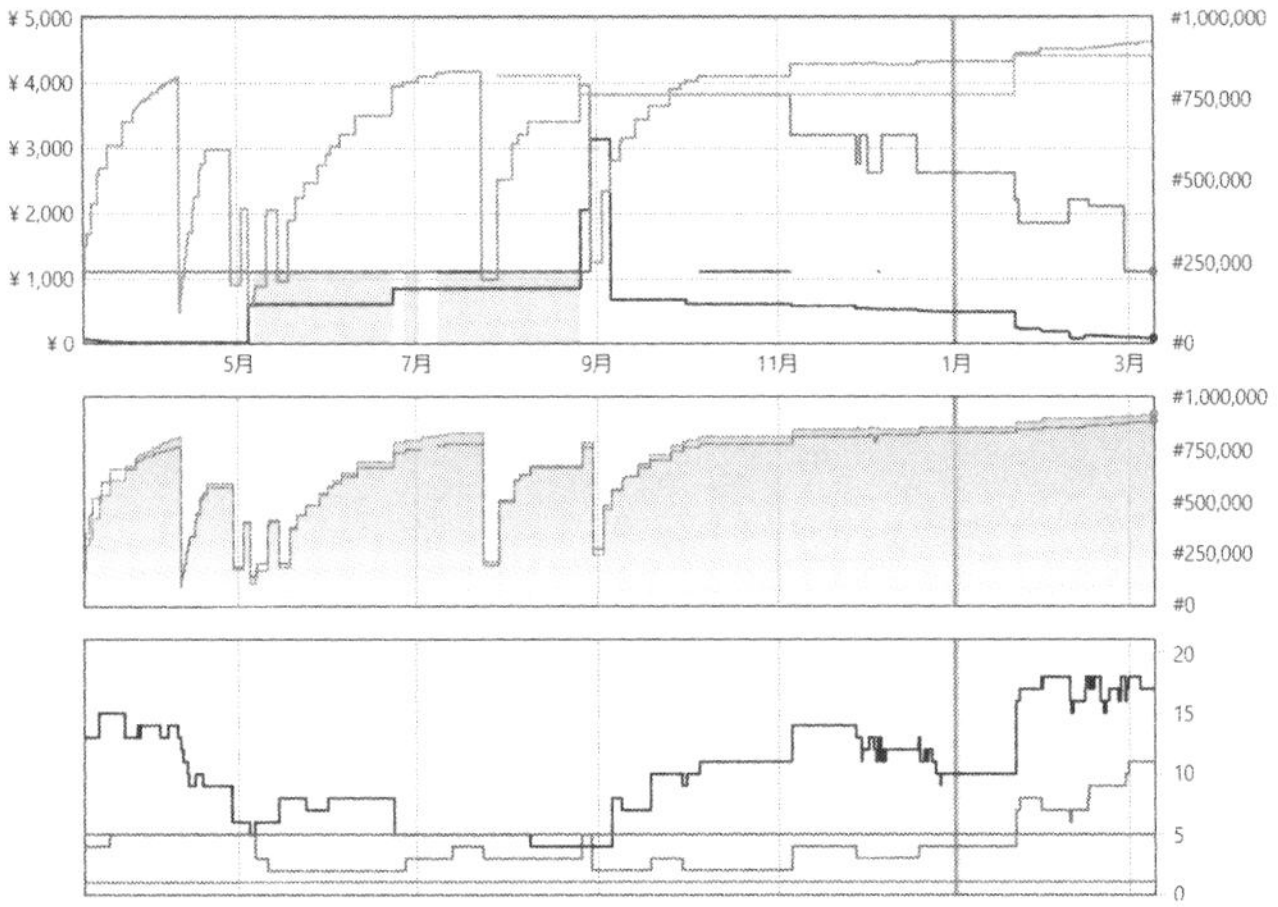

ランキングの上下がにぶく、ほとんど売れていない

のところを最後に売れていないこともわかります。このような商品は仕入れてはいけません。

☆KeepaでAmazonが在庫切れのものを狙い撃ちする！

Keepaは利益商品が見つけやすく、売れ行きの具合も見られるため、大変役に立つツールですが、使い方はそれだけではありません。**Amazonが在庫を切らしていて、プレミアの値段が付いているものを抽出できるという機能があります。**

この抽出を行うことで、利益商品のリスト化が進めやすくなっていきます。ここでは本を例にしていきますが、もちろん家電やおもちゃなどにも応用ができます。海外製のツールなので、ぱっと見は取り組みにくいですが、慣れてしまえば簡単なのでぜひ挑戦してみてください。

Keepaのサイトにいき、上部の「DATA」をクリック。次のページで「Product Finder」をクリック。

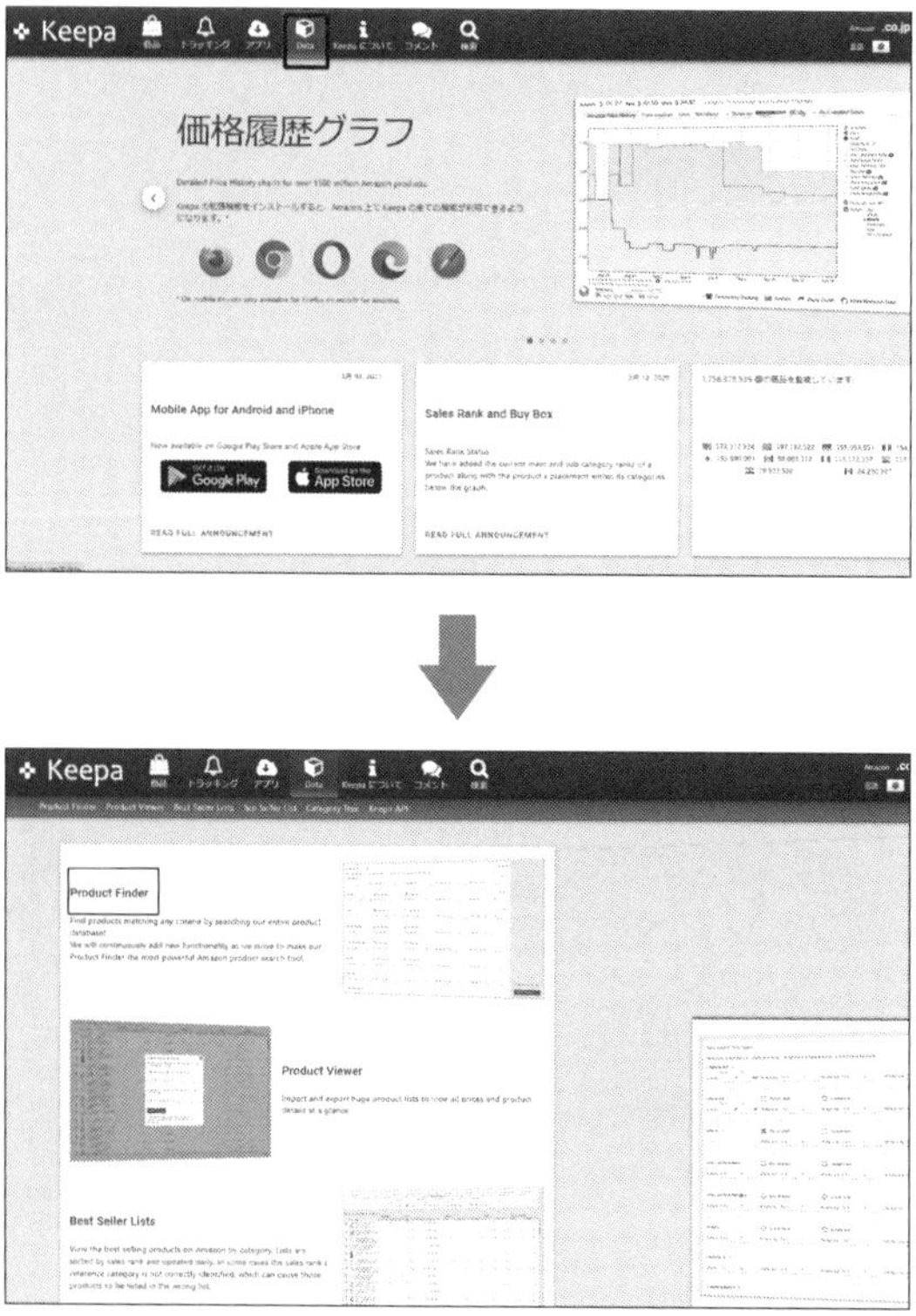

次に左のような画面になります。これは商品を抽出する条件を指定するところです。

次のような設定をしています。写真を参考に入力してみてください。

・ランキングは10万位以内（それ以上だと売れ行きが悪いため）にするために、「売れ筋ランキング」の欄の「～まで」を表す「ＴＯ」に１０００００と入力します。

・Ａｍａｚｏｎの在庫切れを探したいので、Ａｍａｚｏｎの欄の「Ｏｕｔ　ｏｆ　ｓｔｏｃｋ（在庫切れ）」にチェックボタンを入れます。

・新品の現在価格に「～以上」を表す「Ｆｒｏｍ」の箇所に２０００と入力します。これは、２０００円程度の売り物でないと、手数料や送料などで赤字になる可能性があるためです。

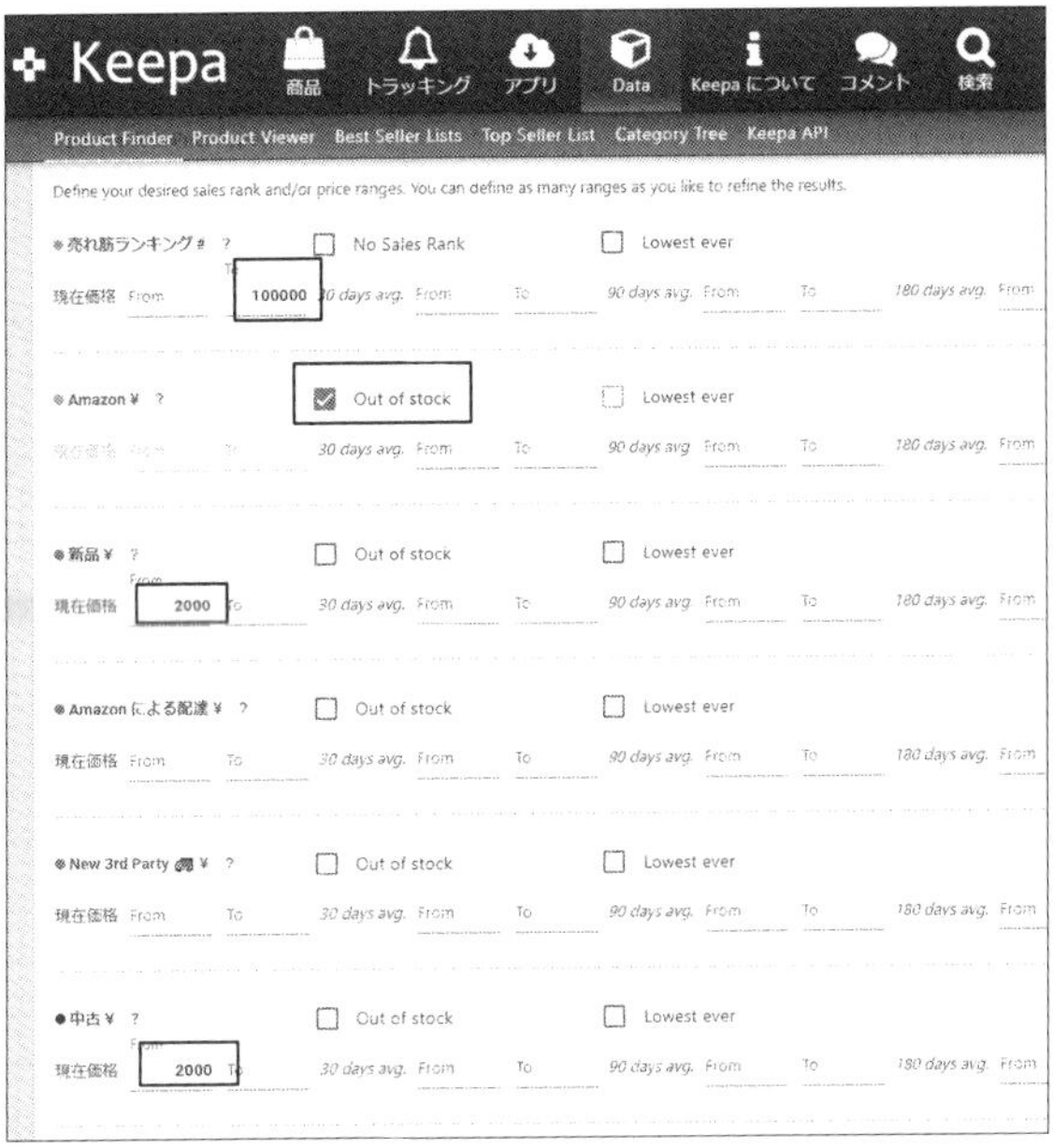

・中古の現在価格も、新品同様に２０００円以上で抽出してみます。
下にスクロールさせていくと「Ｒｏｏｔ　ｃａｔｅｇｏｒｙ」という箇所があります。

これはジャンルの選別です。様々なカテゴリーの商品を選び出すことができます。ここでは本を選択します。次に右下に現れる「ＦＩＮＤ　ＰＲＯＤＵＣＴＳ」を押します。

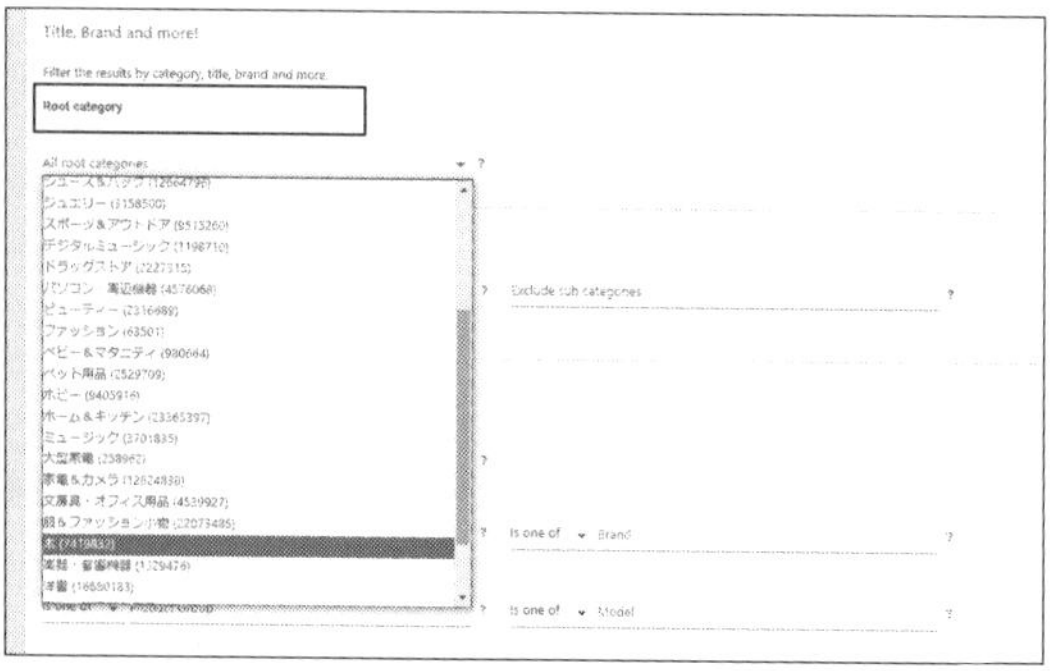

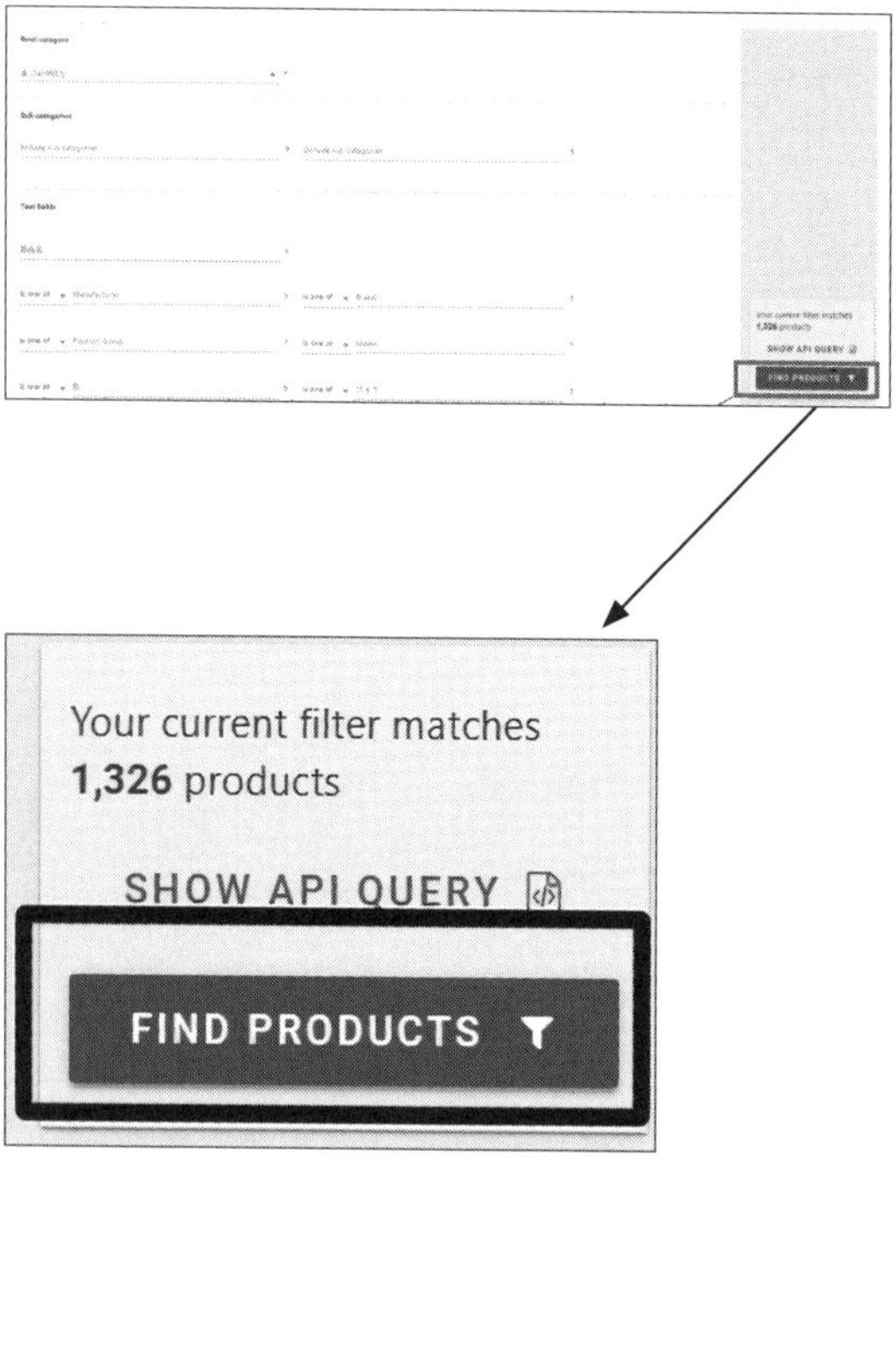

すると、上のような画面になり、「Ａｍａｚｏｎランキング10万位以内で、Ａｍａｚｏｎが在庫を持っておらず、２０００円以上の値段で販売されている本」を抽出することができるのです。商品名にカーソルを合わせてクリックすると、グラフが出てきますので、そこからリサーチを開始します。グラフを見てください。

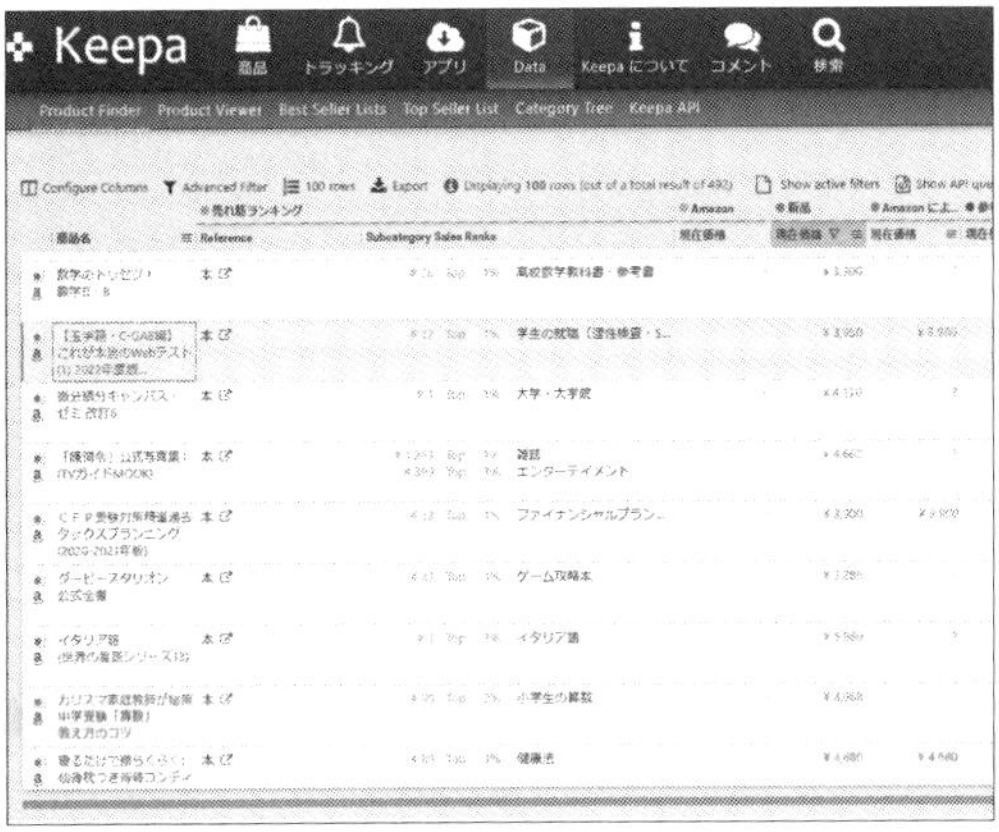

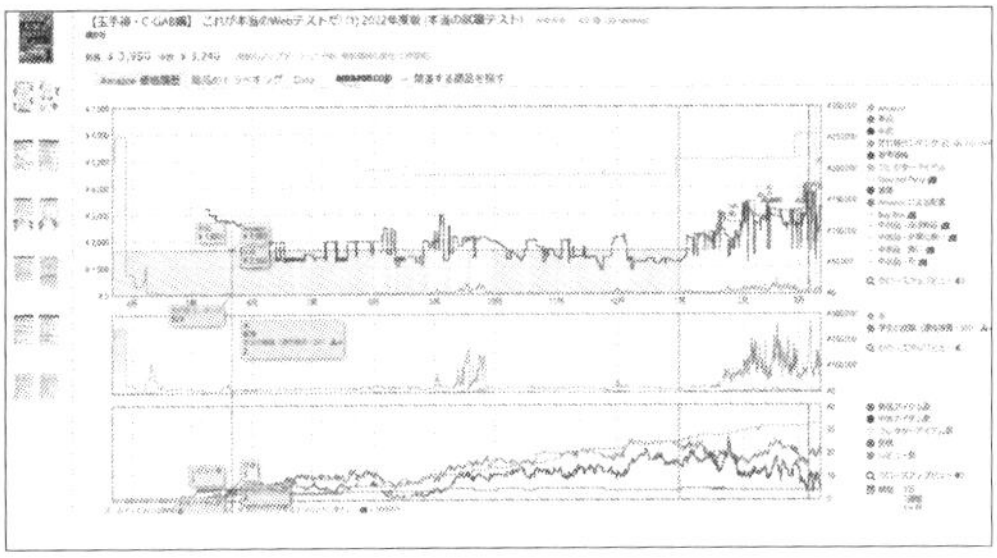

この本を試しにリサーチしていきます。

◆売れ筋ランキング…下に折れるとランキングが上がります＝売れたということがわかります。

◆新品（中古）価格…その時点での最安値の販売価格を表します。

◆目標価格：Ａｍａｚｏｎ…定価です。

◆新品（中古）アイテム数…セラー（出品者）の数です。

グラフ上にカーソルを合わせて左右に動かすと、価格数やアイテム数が変化します。次のページのグラフ①と②を見てください。２０２１年3月7日のお昼ぐらいのデータです。

まず、売れ筋ランキングが上がっていることで、この本が売れたことがわかります。そして、中古の値段が３１００円から３２００円に変化しています。これは、最安値の３１００円のセラーの商品が売れて、３２００円のセラーが最安に変化したことが読み取れます。最後に下のグラフの中古アイテム数が10から8に減っていることから、「中古の３１００円の商品が売れた」という答えが導き出せるのです。

グラフ①

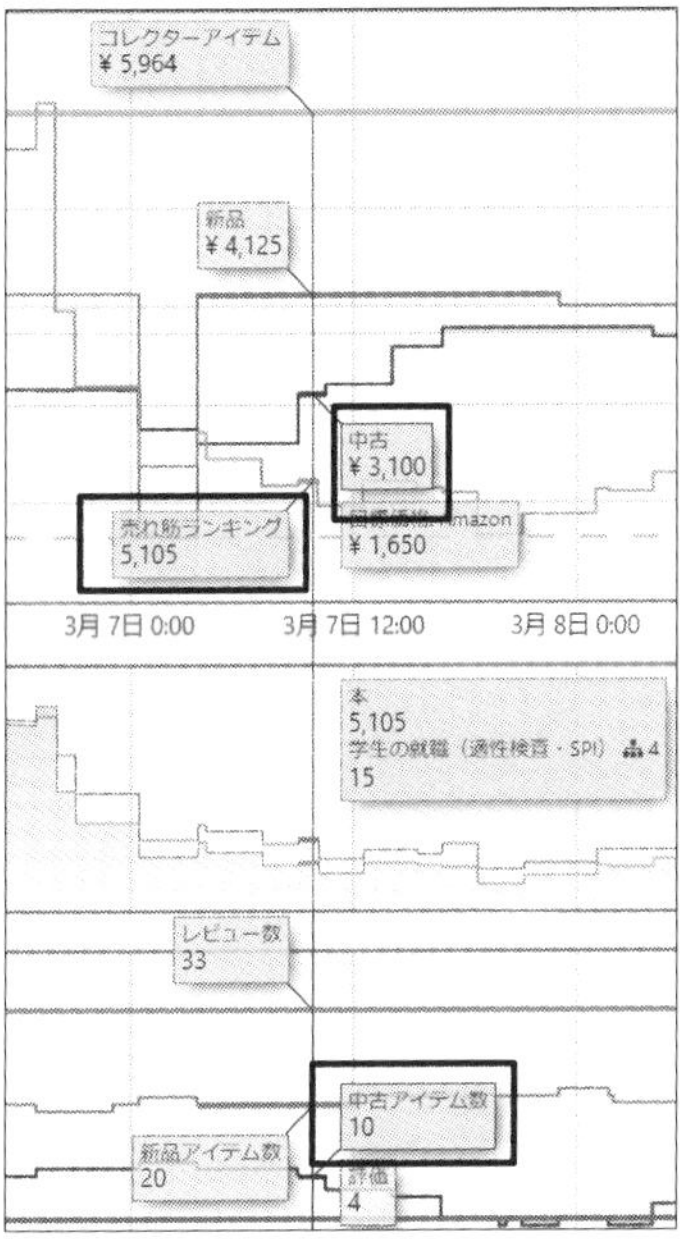

グラフ②

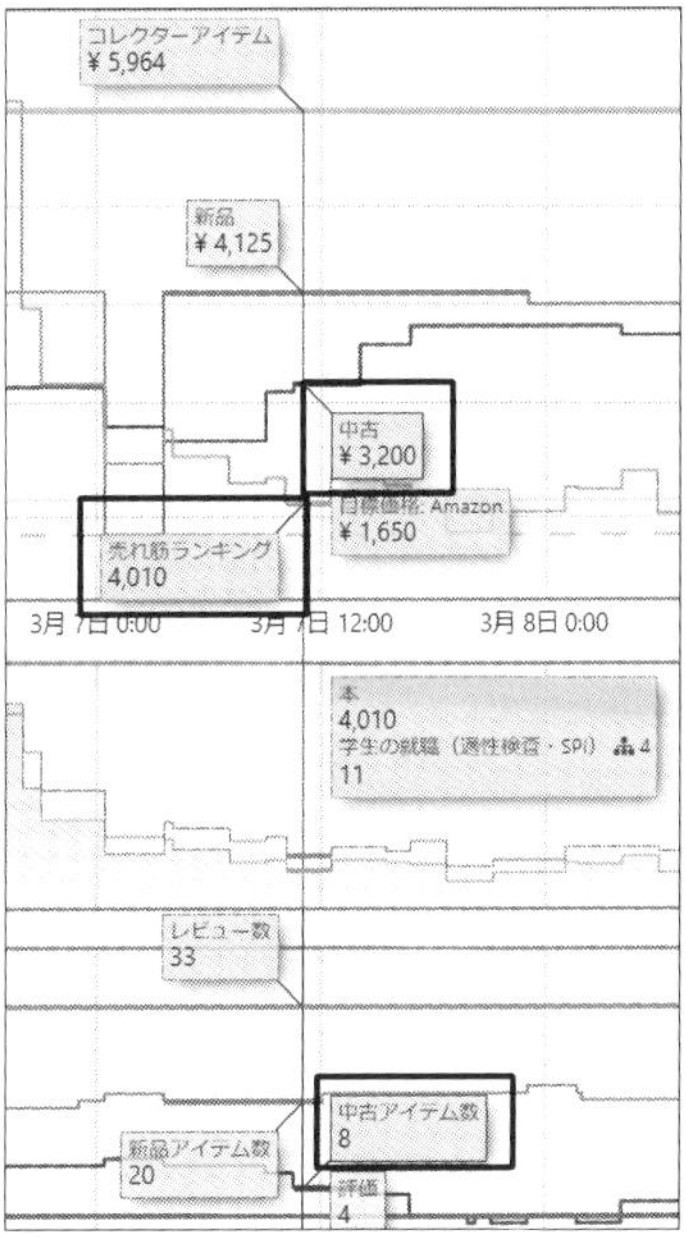

【売れ筋ランキング】

売れ筋ランキング…5105位→4010位に変化＝売れた //
新品価格…変化なし
中古価格…3100円→3200円に変化
＝3100円の商品が売れて、最安価格が3200円に変わった
新品アイテム数…変化なし
中古アイテム数…10→8に変化＝中古の商品が売れた

→「中古の３１００円の商品が売れた」

このようにして利益の出る商品をリサーチして、リスト化を行い、書店や古本屋などで仕入れをしていきます。

☆どこで本を仕入れるか？

ズバリ書店です。新品であれば近所の書店、中古であればＢＯＯＫ ＯＦＦなどの古本を扱うお店になります。また、仕入れる場合は目当ての本がなければ意味がありませんので、近所の書店の在庫が調べられるサイトを使います。私がよく使っているサイトを紹介します。

□全国書店案内 - 東京都書店商業組合青年部

(http://www.tokyo-shoten.or.jp/seinenbu/kumiaimap_utf8.htm)

このサイトは近所の書店の在庫状況が調べられるため、大変便利です。書籍のＩＳＢＮを入力して検索をかけると在庫の有無がわかります。

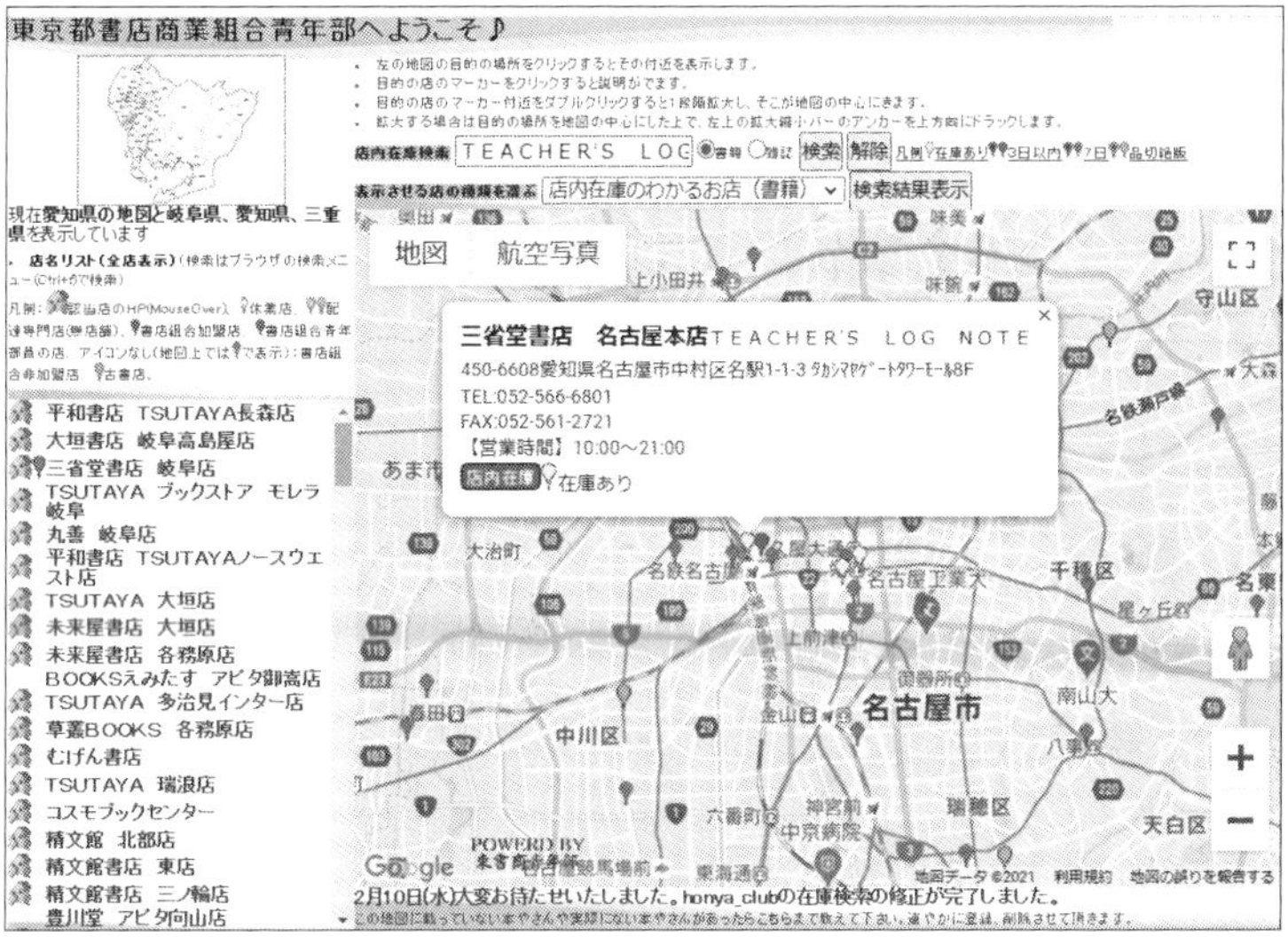
東京都書店商業組合青年部へようこそ♪
左の地図の目的の場所をクリックするとその付近を表示します。
目的の店のマーカーをクリックすると説明がでます。
目的の店のマーカー付近をダブルクリックすると1段階拡大し、そこが地図の中心にきます。
拡大する場合は目的の場所を地図の中心にした上で、左上の拡大縮小バーのアンカーを上方向にドラッグします。
店内在庫検索　TEACHER'S LOG　書籍　雑誌　検索　解除
表示させる店の種類を選ぶ　店内在庫のわかるお店（書籍）　検索結果表示
現在愛知県の地図と岐阜県、愛知県、三重県を表示しています
店名リスト（全店表示）
地図　航空写真
三省堂書店　名古屋本店TEACHER'S LOG NOTE
450-6608愛知県名古屋市中村区名駅1-1-3 ﾀｶｼﾏﾔｹﾞｰﾄﾀﾜｰﾓｰﾙ8F
TEL:052-566-6801
FAX:052-561-2721
【営業時間】10:00～21:00
店内在庫　在庫あり
平和書店　TSUTAYA長森店
大垣書店　岐阜高島屋店
三省堂書店　岐阜店
TSUTAYA　ブックストア　モレラ岐阜
丸善　岐阜店
平和書店　TSUTAYAノースウエスト店
TSUTAYA　大垣店
未来屋書店　大垣店
未来屋書店　各務原店
BOOKSえみたす　アピタ御嵩店
TSUTAYA　多治見インター店
草叢BOOKS　各務原店
むげん書店
TSUTAYA　瑞浪店
コスモブックセンター
精文館　北部店
精文館書店　東店
精文館書店　三ノ輪店
豊川堂　アピタ向山店
名古屋市
中川区
千種区
守山区
瑞穂区
天白区
2月10日(水)大変お待たせいたしました。honya_clubの在庫検索の修正が完了しました。

□honto（https://honto.jp/）

書店、通販、電子書籍のハイブリッド総合書店。日本全国の丸善・ジュンク堂系列の在庫が確認でき、インターネット上で取り置きも可能なサイトです。

□紀伊國屋書店ウェブストア（https://www.kinokuniya.co.jp/）

全国の紀伊國屋書店の在庫が確認できるサイトです。

□店頭在庫検索 - TSUTAYA 店舗情報 （https://store-tsutaya.tsite.jp/item.html）

全国のＴＳＵＴＡＹＡの在庫が確認できます。

☆リサーチをした数だけ利益につながる

本は自宅でリサーチすることができます。家電のように店舗に直接行って調べるということをしなくとも、Ｋｅｅｐａで抜き出してリサーチをかけて、売れそうな商品を取り置きしてもらって仕入れて出品していきます。

最初のうちは数多く仕入れることは難しいかもしれませんが、リサーチをこなしていけば多くの利益商品が見つかります。本が攻略できれば、家電などもＫｅｅｐａで調べて、店舗に在庫を確認して仕入れに行くことも可能です。

Ａｍａｚｏｎ販売の仕入れはかなりの労働量です。売れる商品があるかどうかわからないまま出かけて行って、何も仕入れられずに帰ってくることもよくあることです。

それならまだいいのです。

出かけて行ったら「何かしら仕入れて帰らなければ！」という心理が働きます。そして、売れもしない商品を仕入れて不良在庫を抱えてしまうのです。そうなるとあっという間にＡｍａｚｏｎ販売ができなくなります。まずは本のリサーチから初めてみてはいかがでしょうか？　私は月に５００〜６００冊くらいを平均して売っていました。月商は１５０万〜２００万です。利益率20％として、30万〜40万は稼ぐことができるのです。

せどりの注意点とAmazonの「手数料ビジネス」

☆重要！　書店で仕入れた本を「中古：ほぼ新品」で出品すること

書店で仕入れた本は基本的には新品本なのですが、「新品」で出品することは原則禁止されています。本・CDなどの「著作物」は再販売価格維持制度（再販制度）という決まりがあります。

簡単に言うと、メーカーがあらかじめ決めた価格で商品を売らなくてはならないという制度です。この制度により、本などの出版物は全国どこであっても同じ価格で売られています。新品の本を定価以外の値段で（高くても安くても）販売をしてはならないのです。出版物は文化的な価値があるものなので、経済的に豊かな人しか得られないのは良くない、というのが理由のひとつです。

仮に新品として出品した場合、アカウント停止になる危険性がありますのでやめておきましょう。新品で仕入れた本は「中古：ほぼ新品」で出品する必要があります。

ただし、自由価格本と言われて、新品であってもプレミアの値段で販売できる本もあります。バッグなどのおまけがメインで販売されている「ムック本」などがそれにあたります。

それらの本の価格表記は「本体●●円＋税」となっています。この表記の場合はＡｍａｚｏｎ上では定価を超えて販売することができます。

雑誌も期限付きで定価を付けているものもあります。次号の発売までの期間は定価を定めている雑誌が大半です。新品で出せるものと出せないものを理解しておきましょう。

「定価」という表記は新品のプレミアの値段で販売不可

雑誌は次号発売まで定価となっているため、次号発売以降は新品のプレミア値段で販売が可能

おまけつきのブランドムック本は「本体価格」という表記があるため、プレミア値段で販売が可能

☆～Ａｍａｚｏｎ販売の闇～Ａｍａｚｏｎで再販制度は遵守されているか？

再販制度によって新品本の出品は危険ということを述べましたが、私はひとつ不思議ことに気が付きました。Ａｍａｚｏｎセラーの多くが「新品」のコンディションで、プレミアの値段で販売していたことです。

そもそも、セラーが出品段階で「新品」のコンディションが選択できて、値段も自由に設定できる構造自体がおかしいのです。本来であればＡｍａｚｏｎ以外は「中古」のみの出品を許可すればよいだけです。その措置をとっていないということは、Ａｍａｚｏｎは新品をプレミアの値段で販売することを黙認していると言わざるを得ません。

だから、Ａｍａｚｏｎのセラーは新品本をプレミアの値段で販売することができます。もちろん、アカウント閉鎖のリスクがないわけではありませんが、Ａｍａｚｏｎが規制をしないのはなぜでしょう？

理由としては簡単です。

Amazonは手数料ビジネスをしているからです。

たくさんのセラーが、たくさんの商品を、高い値段で売れば売るほど、巨額の手数料が労せず得られるのです。

表面上は「世界一購入者に優しい企業」を謳っておきながら、「せどらー」や「転売ヤー」に対して高い手数料を払わせて参入を認め、高額で販売できるようにしているわけです。じゃあ高い商品は買わなければいいかというと、それも難しいのが現状です。

Amazonはすでに日本の中では流通インフラとなっていて、今のところ買い物のしやすさは一番であるといってもいいでしょう。

スピードを求める購入者はAmazonから高くても購入する。書店に本を探しにいく時間がもったいないから、Amazonでポチる。セラーはAmazonで仕入れた本を売って利益を得る。Amazonはセラーから手数料を得る。「三方良し？」いや、違います。私たちせどらーが仕入れをすることで店舗の売上も上がるので「四方良し」

です。このプラットフォームビジネス上に経済圏を作ったＡｍａｚｏｎがすごいのは間違いないです。

欲しい人が買ってくれなければせどりは成り立ちません。本当に必要な商品を購入者が探せない代わりに仕入れて購入していただき、手間賃をいただいているというのがせどりの本来の姿です。みんなが欲しい商品を全部買い占めていって販売する「転売ヤー」とは性質が異なります。

そして、せどりで稼ぐ人はものすごく稼ぎます。月に10万稼ぐなら、初心者からでも半年以内には結果が出せるでしょう。

Ａｍａｚｏｎは規約がすぐに変わります。Ａｍａｚｏｎで売らせてもらっている以上、王様の言うことは絶対です。再販制度も取り締まりが厳しくなるかもしれません。Ａｍａｚｏｎのルール上でうまく立ち回るしかありません。

☆せどりは何かを始めるための通過点にすぎない

個人的な意見ですが、せどりはまだ5年から10年程度は続けられると思います。商業インフラともいうべきＡｍａｚｏｎが急になくなることは考え難いですからね。

しかし、Ａｍａｚｏｎは会社です。ＧＡＦＡと呼ばれる世界規模で豊かな会社です。しかし、明日Ａｍａｚｏｎがなくなる可能性だってあります。Ａｍａｚｏｎがつぶれてしまったら、多くのセラーが路頭に迷うことでしょう。

Ａｍａｚｏｎ以外の通販が台頭してくることもあり得ます。カナダの「ショッピファイ」や中国の「アリババ」などが日本に本格的に参入してきたら、Ａｍａｚｏｎ一強体制が崩れてしまいます。ずっとＡｍａｚｏｎが勝ち続ける可能性は高くないと思っています。

また、Ａｍａｚｏｎがセラーを規制し始めるかもしれません。手数料の引き上げも起こる可能性があります。Ａｍａｚｏｎ販売をする人にとって、Ａｍａｚｏｎは「絶対王政をしく王様」です。ＡｍａｚｏｎがＮＯと言えばＮＯなのです。

アカウント停止と言われれば、死刑宣告と一緒です。プラットフォームビジネスとはそういうものです。Ａｍａｚｏｎというプラットフォームの上で販売をするには、王様のルールに従いながらやっていくしかありません。

Ａｍａｚｏｎ自体の問題だけではありません。仕入れをずっとし続けることができるでしょうか？　副業であれ、本業であれ、Ａｍａｚｏｎ販売は「労働型収入」です。副業であれば仕事のない時間にリサーチや仕入れ、発送をします。自分の時間を割いて行っていくわけですから、本業プラスアルファで忙しくなります。持続していくことが可能でしょうか？　「頑張れる！」という人は無理のない範囲で頑張っていきましょう。身体が資本です。

本業を上回る収入を得られた場合は、Ａｍａｚｏｎ販売を本業にすることも検討していいのですが、ずっと続けていけるかどうかはよく考えましょう。

その他の収入の柱を作っておくことも大切です。または、Ａｍａｚｏｎ販売が軌道に乗ったら、経費をかけて外注化や組織化をすすめて、空いた時間で別のビジネスに取り組むという手段もあると思います。

私はせどりは資金を稼ぐひとつの通過点で、せどりのその先を見据えながら頑張って

いく人こそが長く稼ぎ続ける成功者になる、と信じています。

次の章でその先について考えてみます。

4章

情報発信をして稼いでみる

「自分の知識とスキルを売る」ことで収益を得る

☆コンサルを始めてみた

Ａｍａｚｏｎ販売を始めて半年、ようやく軌道に乗ってきたとき、師匠に言われたことがあります。

「みすとさん、自分で弟子をとってみたら?」

私はまだ師匠から教わっている身でしたので、びっくりしました。

「もうだいたい教えたことはできているし、収益も上がってきているから、次のステップに進んだほうがいいよ。」

そのとき私はＡｍａｚｏｎ販売で月30万、ＭＮＰができるときはプラス15万ほどの稼ぎでした。まだまだもっと稼ぎたいと上を目指していたころです。そんな自分が弟子をとって教えることはできるのか、と疑問がよぎりました。

とはいえ以前私は教育業界に勤めていました。簡単に言うと学習塾の講師でした。教えるということに関してのスキルは、少しアドバンテージがあるんじゃないかなとも考えて、やってみることにしました。

やり方はシンプルでした。Ｔｗｉｔｔｅｒに「Ａｍａｚｏｎ販売のノウハウ教えます」とツイートして、一番上の固定ツイートに登録しておくだけでした。ただこれだけだったので、とくに期待もせずにいました。すると、さっそくＤＭが送られてきました。

「ツイートみたのですが。どういう感じか教えていただけませんか？」

いきなりだったのでびっくりしました。そこで、数回ＤＭで連絡を取った後、ＬＩＮＥを交換してヒアリングをしました。名前はさぼさん（仮名）です。

さぼさんは、私と同じく最初にＡｍａｚｏｎ物販のコンサルを別の方から受けていました。そのコンサルに１００万円支払ったそうです。支払いをしたのちほとんど連絡が来ずに、自分なりに試行錯誤してＡｍａｚｏｎ販売を続けていたとのこと。

私もこのビジネスを始めたときに同じような目に遭いましたから、なんとかさぼさんを助けられれば、という変に厚かましい使命感に駆られて、お引き受けすることにしました。

結果からいうと、さぼさんは3か月後に月収30万円を達成しました。「副業で」です。

さぼさんは今も順調に月収を伸ばしています。逆に新しく入った生徒さんに教えてくれているくらいです。

私が最初にさぼさんからいただいたお金は初回10万円、月に1万円でした。そのくらいであれば、必ず払ってもらった分は稼いでもらえると確信したからです。ＭＮＰもありましたし、本のせどりをやっていけば、不満になることはないと思っていました。

結果的には満足してくれました。売上150万、利益30万をオーバーしたときに、「みすとさんが教えてくれなかったら、こんなに稼げませんでした！」と言われたのは今でも私励みになっています。

この後、コンサルの生徒は少しずつ増えて、5人になりました。全員の生徒さんから月1万をもらっているので、5万円は毎月入ってくる計算です。コンサル自体はとても楽しくできました。「私もコンサルをやってみたい」と思った方のために4つのポイントを紹介します。

□なるべく早く返信する

教わる側は、なるべく早く答えを欲しがっています。24時間体制でいつでも対応するくらいの対応がいいでしょう。ほとんど対応してもらえなかったとなれば不満が出ますし、自分のブランドを落とすことになります。

□わからないことは待ってもらう

急に聞かれてすぐに答えが出るものばかりではありませんので、その場合はあいまいに答えずに、時間をもらってしっかり調査・検証・確認してから答えるようにしましょう。すぐ返信をもらえることと、じっくり考えてあげて返信することは、どちらも生徒さんのことを思ってのことです。

□その人にあった作戦を考える

相談してくる人はいろんな状況を抱えています。資金の多寡、副業なのか専業なのか、家族構成などで動き方が変わってきます。一日に取れるリサーチ時間や仕入れのタイミングなど、自分にはできてもその人には無理ということもあります。その人の生活サイクルに合わせた戦略を立ててあげましょう。

□合わなさそうな人は丁重にお断りする

コンサル依頼が来た＝収入を得たということになるのですが、コンサルを引き受けるときは慎重に判断しましょう。

その人が教え通りにうごいてくれるかどうか。資金は最低限あるか。そもそもコミュニケーションがしっかりとれる人かどうか。対人関係で悩んでしまって、自分の仕事がおろそかになることがないようにしましょう。断る勇気も大切です。

☆自分でコンテンツを作って販売しよう

私はコンサルという形で稼ぐことができました。これがＡｍａｚｏｎアカウントのＭ＆Ａにつながっていくのですが、そちらは後でお話ししますね。

コンサルはひとつの例です。本業があると物理的に時間が取りにくく、対応が難しいこともあります。ひとり副業ですから、なるべく人を介在させずにやりたい人もいますよね。私はコンサルをやってみたらと勧められた。できそうな気がしたので、募集したら問い合わせが来た。というラッキーな条件が重なっただけで、コンサルでなくてもいい出のです。

文章のライティングが好きな人は、稼ぎ方の手法を書いてブログを作るＫｅｅｐａの分析に慣れてきたら、「売れる本リスト１００」みたいにして販売することもできます。

ただし、**自分で稼いだ方法を必ず売ってください。**自分も稼げてない方法で販売することはやめましょう（そういったものはそもそも売れてくれないですが）。

☆リストマーケティングを学んでみよう

何かを売ってみたいと思ったら、「**リストマーケティング**」を勉強しておくといいでしょう。リストマーケティングとは、自分のファン・顧客を増やして、コンテンツやコンサルを販売するやり方です。ファンや顧客はＴｗｉｔｔｅｒなどのＳＮＳ上から集客していきます。媒体はいろいろありますが、私が行った方法をお伝えしますね。

Ｔｗｉｔｔｅｒがやはり一番取り組み易いのではないでしょうか。Ｔｗｉｔｔｅｒを使ってコンテンツを販売している人がたくさんいて勉強になりますし、やり方を正しく行っていけば、そんなに長い期間を使わずとも販売できる状態まで持っていくことができます。

Ｔｗｉｔｔｅｒの活用方法とポイント

☆アカウントはビジネス用を用意する

まず、Ｔｗｉｔｔｅｒのアカウントを作ってみてください。メールアドレスや電話があればすぐに作れます。すでにアカウントを持っている方は、ビジネス用としてもうひとつ作っておきましょう。自分の趣味のアカウントはビジネス用には向きません。私は「趣味の音楽アカウント」と「お相撲アカウント」、近しい人しか見られずなんでも書ける「鍵アカウント」を持っています。

作ったばかりのアカウントはフォローもフォロワーもゼロです。アイコンも卵みたいなデフォルトになっています。ここから作りこんでいきます。

まず、アイコンを用意します。私は今イラストですが、イラストが得意な友人に1000円で書いてもらいました。写真でももちろんいいですが、写真屋さんやスタジオで撮影してもらうほうが良いです。5000円から上は限りがない世界です。予算の範囲でやるほうが良いですね。Twitter上でも撮ってくれる人がいるので、その方に直接依頼するのもありです。

背景もかっこよく（かわいく）しましょう。スマホのアプリやCanva（https://www.canva.com/ja_jp/）というサイトでテンプレートが作れます。**アイコンと雰囲気や発信内容を合わせるようにしましょう。**

次にＴｗｉｔｔｅｒ上の名前です。

「ひらがな3文字」がおすすめです。

私の最初のアカウント名は「Ｒｅｄｂｕｌｌお兄さん」でした。Ｆ１チームのレッドブルが好きだったからです。趣味アカウントならこれでいいんですけど、ビジネス向きではありません。これだと、あいさつやリプライ（ツイートに対してメッセージを送ること、以下リプ）するときに大変不便です。**誰が不便なのかというと、相手です。**相手もビジネス利用していたら、たくさんリプを送りたいんですね。そんな人が送るとき、時短のほうが良いのです。

◎「みすとさんこんにちは！」
×「Ｒｅｄｂｕｌｌお兄さんさんこんにちは！」

英語で変換かつ大文字小文字混入で最後ひらがなという、最悪な3コンボです。相手が入力する時間がとても長くなりリプをもらう確率がさがってきます。面倒な相手とはコミュニケーションをとりたくないのは、リアルでもＳＮＳでも同じです。

名前が決まったら＠（アットマーク）で区切って「何をやっている人か」を表しましょう。

みすと＠せどらー
みすと－副業コンサルタント
みすと＠ＭＮＰマスター

といった形で、どんなことをやっているかが相手にわかるようにしておきましょう。実際にない職業でもいいです。名乗った者がそれになれる世界です。よく見かけるのが「～社長」「～課長」などと役職を付ける名前です。その辺はお好みで大丈夫です。

みすと＠せどり×ＭＮＰ×副業

というように自分の肩書は２つか３つにするのもいいです。

個人的には「～初心者」「～勉強中」と名乗る人が多いのですがこれはやめておきましょう。

・初心者のブログやコンテンツは読まれにくい（販売しにくい）
・初心者を捕まえてコンテンツやコンサルを販売する人につかまりやすい

という理由です。私はブログをやっていませんが、やるとしたら思い切って

みすと@お金持ちブロガー

とかにします。プロフィールの名前は重要です。「漫画家志望」に仕事は来ません。「漫画家」に依頼が来ます。その人が同じスキルだとしても、です。いずれ取り払う初心者というフレーズなら、最初から付けないほうが良いのです。

また、自分のＴｗｉｔｔｅｒ上のキャラクターがどんな人なのかを決めていきましょう。キャラは途中で変えてもいいのですが、あらかじめキャラになりきって発信するこ

とで、ブレたツイートや情報発信をしなくなります。

アイコンやプロフィールとともに一本筋の通ったキャラ設定のほうが読み手に伝わりやすいです。

かわいい系・博識・熱血…など、これも同じような発信者をフォローして、分析しながらマネしてみるといいですね。少し上から目線に発信していくのか、丁寧に伝えるようにするのかはとても大事なことです。私は「少しお気楽キャラで、たまに真面目」みたいなキャラ設定をしています。

☆プロフィールを充実させる

プロフィール（以下プロフ）とは、Ｔｗｉｔｔｅｒのアカウントの一番上に表示されている「自己紹介」です。どんな人物かを設定するために充実させていく必要があります。

必ず入れたいのは「具体的な数字」です。

「せどりで月収１００万円！」「ブログで月30万円！」のような数があると**説得力が上**

がります。しかし、嘘はついてはいけません。１００万円稼いでないのに、１００万円と言って集客をするのはやめましょう。

10万円稼いでいるなら10万円で正々堂々、正直に名乗りましょう。初めはそれでいいのです。

ブログで月収１００万円とか、Ａｍａｚｏｎ販売で年商1億とか。反対に、1円も稼げていない初心者の人もいます。あなたが初心者だったら「Ａｍａｚｏｎ月商1億円の人」と「Ａｍａｚｏｎ月収10万円の人」どっちに話を聞きたいですか？

答えは、どちらもアリです。

1億円だとすごすぎて、聞くのを躊躇する人もいるし、「俺は1億円稼ぐからその人に聞くぜ！」と考える人もいます。中学校や高校の部活を思い出してみてください。とても上手な先輩や部長、怖い顧問の先生よりも、ちょっとうまい先輩のほうが聞きやすくなかったですか？

10万円稼ぎたいっていう人は10万稼いでる人に教わったほうがうまくいくこともあります。

Ｔｗｉｔｔｅｒは情報収集をしたい人の集合体です。活発に情報を発信している人がフォローされます。自分のアカウントはどんなメリットを提供できるかをしっかりとプロフに書いて意思表示していくことが大切です。私のプロフを貼っておきます。

・ひらがな３文字
・@以降は何をやっている人かを明記
・「｜」で区切ってメリットを書く

☆フォローバック（フォロバ）をもらう

次にツイートを始めていきますが、フォロワーが0人ではツイートをしても誰にも見られず、ただの独り言になってしまいます。本来の楽しみ方なら自由につぶやいたってかまいません。しかし、ビジネスの場合は、**いかにたくさんの人の目に触れて、その中であなたが発信している情報を必要としている人に見られるかがポイントです。**

フォロワーが500人くらいになるまでは、とにかくフォローしてもらうために、「ビジネス・副業・せどり」などでワード検索して、気になる人をフォローしてみてください。フォローすると、フォローバック（フォロバ）といって、フォローし返してくれることがあります。そのようにしてフォロワーを増やしていきましょう。

一時的にフォロワーを増やすために、「**相互フォロー**」というワード検索で相互にフォローし合うアカウントがあります。相互フォローを利用して増やしていってもいいと思います。あくまでも見せかけのフォロワーですからフォロワーが増えてきたら少しずつフォローを外して構いません。また、一気にフォローを解除するとTwitterがアカウントの制限をかけてくるので気を付けてくださいね。

☆リプを使ってコミュニケーションをとろう

初めはツイートよりもリプライ（リプ）を多くするように心がけます。まずは認知してもらわないことには、せっかくいい情報を発信していても誰も見ないからです。

まずは、誰にリプライを送るのかを決めます。

・フォロワーが自分と同じくらいの人
・リプライをよくくれる人
・同じジャンルで発信をしている人
・フォロワーが1万人以上いる「インフルエンサー」

このような人を10人くらい選んで、その人の通知が来るように設定しておきましょう。その人のツイートの通知が来るので、できるだけ早く「いいね」を押してリプライを送ってみてください。なぜリプライを早く送るのかというと、早いリプライはリプ欄で上位に表示されるからです。

すると、あなたをフォローしていない人にも多く露出できます。

そして、「いいね」の数が多いことによってもＴｗｉｔｔｅｒ上位に表示されやすくなります。「いいね」とリプはセットと覚えておきましょう。

リプをする上での注意点があります。

□適当なリプライをしない

相手のツイートをじっくり読んで、しっかりと考えてリプライしてみましょう。真剣なリプライを送れば、送信相手以外にも気持ちが伝わって、フォローされやすくなります。

□楽しそうに、会話をするようにリプライする

相手に最初にいきなり馴れ馴れしくするのはよくありませんが、少し仲良しな感じでリプライしてみましょう。リプライが続くと自分自身も面白くなりますし、露出も増えていきます。リプライ＆返信が続くと会話のようになっていき、露出と拡散が多くなっていきます。会話が続けば続くほど相手のツイートは拡散されますので、相手にとってもメリットがあります。

□「いいね」やリプをくれたら、お礼に「いいね」とリプライを返す

相手が「いいね」とリプライをしてくれると嬉しいです。ですので、こちらも感謝の意味を込めて「いいね」とリプ返しをしましょう。お互いにしていくことで仲良くもなれます。自分から「いいね」や「リプライ」をしていってもいいと思います。だれにリプライしていいかわからなくなったら、私にしてください！（@myst_business）

☆ツイートのコツ

フォロワーが500人ほどになってきたらツイートを1日に3～5回行いましょう。ポイントは専門性のあるツイートにすることです。

有益な情報を欲しがっているフォロワーに「今日の晩御飯はコロッケでした」とツイートしても意味がありません。あなたの知っている有益な情報をツイートしていきましょう。それを朝8～9時台（通勤・通学中に見るため）、12～13時（お昼休憩のため）、18～22時（帰宅後見るため）にひとつずつ投稿をしましょう。

その時間帯でひとつずつツイートをするのが難しい人は、「**予約投稿アプリ**」があります。

無料のものでも十分使えます。私は「Ｓｏｃｉａｌ Ｄｏｇ（https://social-dog.net/）」（無料・有料版共にあり）を使っています。このアプリはツイートをあらかじめ用意しておいて、決まった時間にツイートを予約できたり、フォロワーの数などをグラフで分析してくれたりする機能があります。良かったら使ってみてください。

☆同じジャンルの発信者も参考にしよう

あなたと同じジャンルの発信者で、すでにフォロワーが伸びている人をフォローして、ツイートを読んで研究してみましょう。

伸びている人はそれなりの「型」のようなものがあるはずです。最初はマネしてみるところから始めてみてください。そっくりそのままツイートするのは盗用になってしまうのでやめましょう。

ですが、最初はみんな誰かのツイートをマネしながら上手になっていくのです。参考になる部分はしっかりマネさせてもらいましょう。初めから個性を出すことは難しいので、慣れていくうちにだんだんと自分のオリジナルの発信ができるようになってきます。

☆インフルエンサーになる必要はない

定義は様々ですが、Ｔｗｉｔｔｅｒで1万人以上のフォロワーがいる人を「インフルエンサー」といいます。冬に流行する「インフルエンザ」と似ていますね。どんどん伝染していくことから、拡散力の強い人物という意味です。

どうせやるならインフルエンサーを目指すのもいいのですが、今回の目標は「**リストマーケティング**」です。必ずしも1万人以上のフォロワーを目指す必要はありません。あなたのフォロワーが１０００人から１５００人くらいに増えてきたら、十分集客をすることができます。インフルエンサーになることで、別の稼ぎ方もできますが、ここからはフォロワーの中から顧客リストを集める動きについて説明します。

ＬＩＮＥの活用方法とポイント

☆ＬＩＮＥ公式アカウント（旧ＬＩＮＥ＠）を作ってみよう

フォロワーからの集客に向けて、もうひとつ用意するアカウントがあります。それがＬＩＮＥ公式アカウントです。ＬＩＮＥは日本国内の利用者が８０００万人と言われており、もはや通信インフラとしてなくてはならないものになってきています。日常的に友達や家族とＬＩＮＥをしている人がほとんどですね。ＬＩＮＥ公式アカウントは、そのＬＩＮＥから生まれたサービスです。

あなたがレストランに行ったとします。注文をして、店員さんがオーダーを繰り返し、こんなことを言ってきます。

「今こちらのＱＲコードを読み取ってＬＩＮＥの友達登録していただくとドリンク１杯無料になります！」

せっかくなので、ＬＩＮＥの登録を済ませて、ドリンクを無料で飲めました。ＬＩＮＥを登録しただけでドリンクもらえるなんてお得ですよね。一方でお店側は無料でドリンクを提供しなければならないので、損をしているように見えますね？

ですが、レストラン側には大きなメリットがあります。そのレストランで新しいメニューやキャンペーンをやるたびに、ＬＩＮＥを送って登録者に宣伝することができます。

・食べたくなるようなメッセージ
・おいしそうな画像
・期間限定のクーポン

このような情報サービスをＴｗｉｔｔｅｒより濃く細かく添付することができます。あなたは、せっかくだから行ってみようということで食事に行きます。数週間後、また新たなメニューとともに限定クーポンが配布されて、そしてまた食べに行って……と、すっかりあなたはここのレストランの固定の顧客になっていくのです。レストラン側はドリンク１杯で、定期的に来てくれるお客様をゲットすることに成功したのです。

では、さっきのレストランがTwitterで宣伝をしたとしましょう。あなたはそのツイートを見ることはほとんどありません。そもそもレストランのフォローをしていませんし、仮にフォローしていたとしても、他の好きなタレントやアイドルの情報を探すために、レストランのツイートは読み飛ばされ、他のツイートに埋もれてしまうのです。

レストランは何とかして集客をしたいからと躍起になって、目に触れるように何回も同じツイートをコピペで行います。すると目新しさがなく、飽きられてしまいます。フォローを外されることもあるでしょう。

ですが、LINEから宣伝をすれば通知が必ず来ます。アプリの右上に赤で通知件数を示す「1」と表示されれば、心理的に開いてその「1」を消そうとします。その内容に興味があれば読みます。

そこでレストランに行きたくなるようなお得な情報やサービスを提供して、お店に来て食事してもらうのです。

このようにLINE公式アカウントに入ってきてくれた**人を顧客リスト化します。Twitterという誰でも見られるオープンな場所から、LINEという1対1のクローズドな空間へお客様を流入させていくことで、リストが増えていきます。**このリストを充実させて、商品（サービス）を買ってもらうようにしていくのがリストマーケティングです。

まずはＬＩＮＥの公式アカウントを作ってみましょう。アカウント名はＴｗｉｔｔｅｒと同じ名前がいいです。左のサイトから作成してみてください。審査が1～2か月かかる場合があるので、Ｔｗｉｔｔｅｒを作ってフォロワーが増えたら作成を始めていきましょう。Ｔｗｉｔｔｅｒと同時に作ってもいいです。そんなＬＩＮＥ公式アカウントをあなたも作ることができます。左にサイトのＵＲＬを貼っておきます。

https://www.linebiz.com/jp/

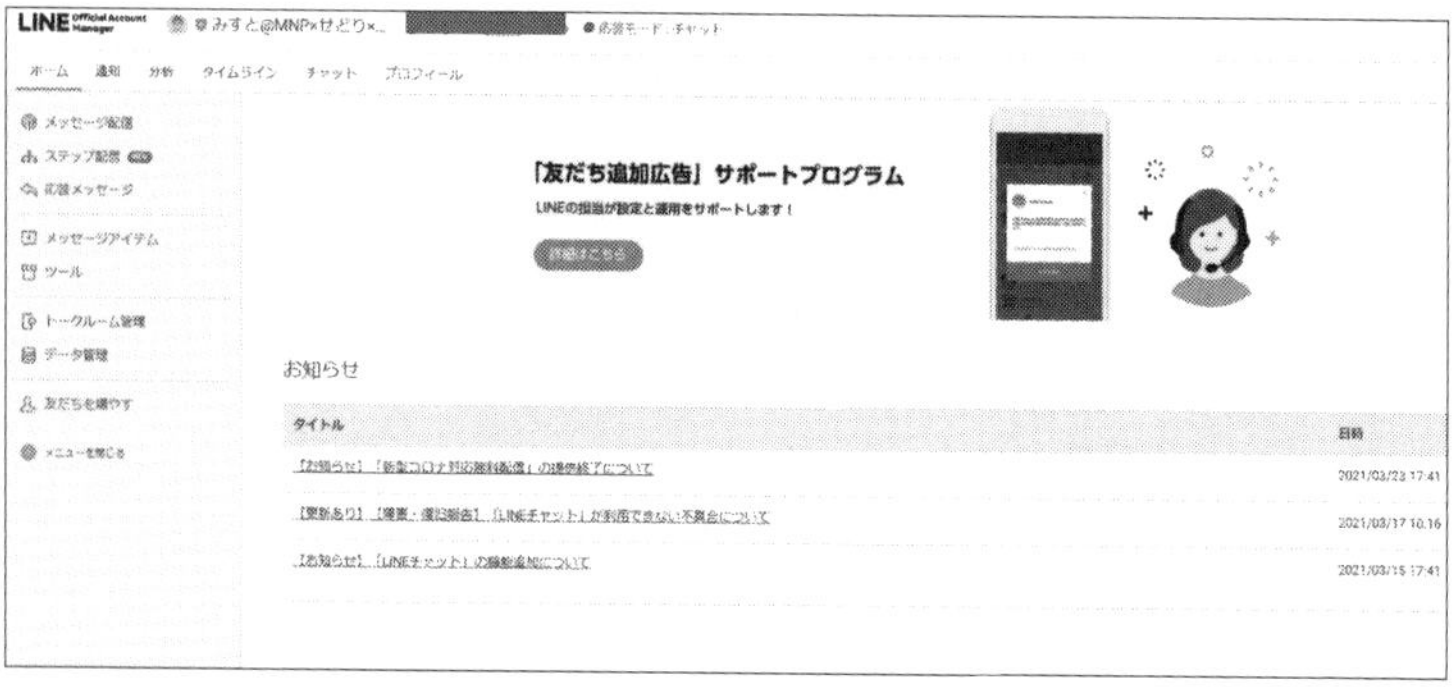

LINE 公式アカウントの HP

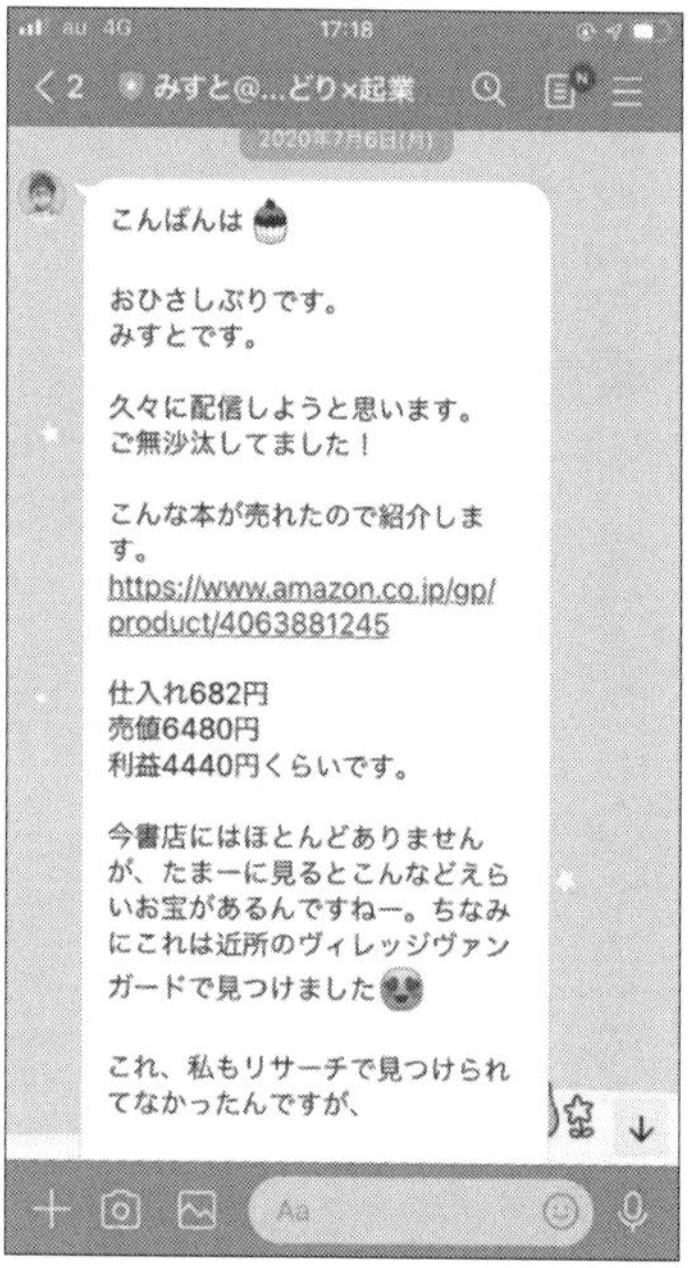

LINE 公式アカウントからの発信

☆プレゼントを用意する

ＬＩＮＥアカウントに登録してもらうためにプレゼントを用意するといいでしょう。レストランの「ドリンク1杯無料サービス」と同じですね。なんのメリットもないのに、ＬＩＮＥに登録する人はほとんどいないです。

例えば「ブックオフ古本せどり　お宝30冊」などです？

これは3章のＫｅｅｐａで抽出してリサーチすれば作成できます。

メッセージを送ってみよう

☆あいさつメッセージをしっかり作る

ＬＩＮＥ公式アカウントを登録したら、まずは「トークルーム管理」→「あいさつメッセージ」から自己紹介のあいさつメッセージを作っていきます。これは、ＬＩＮＥに登録した人に最初に登録されるメッセージです。私の例を紹介しますね。

例文

友だち追加ありがとうございます！

みすと＠せどり×起業×ＭＮＰマスターです。

せどり、起業、ＭＮＰに関しての情報発信をさせていただきます（＞ω＜）

ブラック企業に勤めて、身も心もボロボロになり、医師から療養を命じられました。

その間収入が途絶えてしまい、家庭生活を維持していくのも困難な状況にあえいでいました。かといって、再び就労するには身体がついていきませんでした。

家にいながらなんとかお金を稼ぐことはできないのかと

「インターネット　副業」で調べまくりました。

そこでネット上で調べて見つけたのが「せどり」でした。

なんとか頑張ってＡｍａｚｏｎアカウントを作り目利きで仕入れをやってみましたが、

全く売れませんでした。

日々、焦りが大きくなり、反比例して減っていく口座の残高・・・。

そんな中、出会ったのが田舎に住む凄腕せどらーの方でした。そのせどらーさんはTwitter上でせどりのグループに無料招待してくださり、さらに個別にもいろいろと教えてくださいました。

その後、正式に弟子入りをしました。師匠のメインは「本せどり」で、徹底的に教えていただきました。せどりを始めて全然稼げなかった私が、本せどりを始めてから2か月で月収10万をまず超えて、今では40万〜50万の月収を得ています。

師匠に出会っていなかったら心身を蝕まれたまま、家族が崩壊していたことでしょう。また、師匠はとても気さくで話しやすく、24時間いつでも対応してくださいました。本せどりの他にも、様々なことを教えてくれました。

ここは、私が当初全然稼げなかったことを振り返り、師匠にGIVEしてもらったことを無料で一年前の私と同じ状況の人にGIVEしまくろうと立ち上げたものです。

私はとくに何の特技もないし、メンタルも弱くブラック企業で働きながら疑問を感じつつも辞めるに辞めれず、病んで辞めざるを得なかった人間です。

同じような人がたくさんきっといるんじゃないでしょうか?

ここでは昔の私が救われた＜GIVEの精神＞全開で!。お話していきます!

LINE@登録してくださったあなたはきっと仕事や副業などで悩んでいてここに入ってくれたと思います。

それだけでもう、あなたは成功の足掛かりを手にしています。

悩み、今に満足せずにここの扉を開いてくれたあなたの人生はきっと変わる。

私が1年前、ちょっとの勇気で大きく変わることができたのだから。

ビジネスでお悩みの人、バンバン連絡ください!

最優先で答えます!

LINE登録のお礼をこめて、プレゼントにAmazonせどり収支表を差し上げます!希望の方はスタンプくださいね!

最初にTwitterのプロフィールよりも詳しい内容で自己紹介をしていきます。

次に自分のストーリーを語ります。

よくあるパターンが「挫折→逆転→成功した現在」への流れです。自分の体験を交えて作ってみてください。

最後に「プレゼント」を用意して、無料で配布することを伝えます。私はAmazonのせどりで普段使っている収支管理表をプレゼントしています。

リストに入ってくれた顧客のリアクションが欲しいので、「スタンプくださいね！」のようなコメントを入れておきます。スタンプが来たら、お礼の言葉と一緒に、プレゼントを配布します。

コンテンツを販売してみよう

☆Twitter上にLINE公式アカウントのリンクを貼る

ここまで用意できたら、Twitterで宣伝していきましょう。プロフにリンクを貼ることができるのでそこにリンクURLをコピペします。

また、固定ツイートにもLINEを開設したことを加筆したものに変更します。定期的にリツイートして露出を増やして、登録者を増やしていきましょう。LINEのページから登録者の人数がわかります。

☆コンテンツを販売する

LINEに登録してくれたリスト顧客が30人から50人くらいになったら、コンテンツ販売をしてみましょう。少ないからと言って、売れないことはありません。

LINEに入ってくれた人たちは、あなたに何か期待をしている見込み顧客です。一度買ってもらって、そこで購入者が利益を出すことができれば、次のコンテンツも購入してくれる可能性が高いのです。ファン化の始まりです。

ちなみに、リストマーケティングで稼いでいる人はリスト人数が３０００人以上いるようです。もちろんリスト人数が多いほうが良いに決まっていますが、そういう人は、お金でリストを買っている手法です。まずは純粋にリストを増やしましょう。

☆教育→販売の手順を踏む

ＬＩＮＥに登録してくれた顧客リストにまず行うのは「教育」です。「教育」とは、自分の商品を購入するとどのようなメリットがあるかをＬＩＮＥで日々配信していくことです。

私が販売した商品の実例を紹介します。

「ｄｏｃｏｍｏのＭＮＰで利益を出すマニュアル」

これを1か月かけて販売にまで持っていきます。教育の始まりです。メッセージを定期的に送っていく形です。まずは告知。何か始めることを伝えて期待感を持ってもらう。

例文

◆大型企画発動！◆
今まで私が得てきた収入の柱のひとつを今月末に大公開します！
以下3つの条件に当てはまる人は参加必須！
・資金が無い
・年収を上げたい
・大きく稼ぎたい
詳細は今月末に発表します！。ぜひご期待くださいねー‼

何かが始まるらしいことを認知してもらい、ワクワク感を持たせます。
数日後、実際に稼いだ実例のストーリーを載せていきます。

私は「せどり」をやって生計を立てています。しかしその道は簡単ではありませんでした。

初めに一番困ったのは資金。

お金がない!!

せどりに使う資金も、会社を辞めちゃったので生活資金も全く余裕がありませんでした。

私はせどりの師匠に教えを乞うことを決めたのですが、師匠はおっしゃいました。

「全力で教えるからには、全身全霊をもって対応します。ですから、コンサル費はいただきます。

無料でやるのであればお互いのためになりません。教わる側も教える側も責任がなくなります。で、結局稼げないのです。」

確かに無料なら稼げなくてもしょうがないって考えて動かなかったかもです。こんなことを言ってくれたからこそお願いしたんですが。

コンサル費は決して安くない、普通のサラリーマンだったら一晩中、「超」考える額でした。

一念発起してなんとか資金を母から借りてお金を振り込んだ後、師匠が言った言葉がいまでも衝撃的過ぎて忘れられません。

「・・・・このコンサル費を、今月中に回収しましょう」

・・・・?????・・???

この人頭おかしいのかって思いました。私がめちゃめちゃ苦労してかき集めたお金を初月で稼がせるつもりでいる⁉

しかし、このあと、とんでもない出来事が起こるのです。　後半へ続く

という具合に、ストーリー仕立てにして、後半へ続くという引っ張り方をすると効果的です。つい続きを楽しみにしたくなるような書き方をしてみましょう。

3日後くらいに後半のストーリーを発信します。

◆前回までのあらすじ

せどりの師匠に師事することに決めた私はなんとかお金をかき集めて支払いを終え、その後師匠はこう言ったのです。

「このコンサル費を今月中に回収しよう」

必死にかき集めたお金を今月中に回収するなんて、頭がおかしくなったのかこの人？

と思いながら1枚のマニュアルを渡されました。そこに書かれていたのは…？

「MNPで稼ぐ」

ケータイ会社を乗り換えるモバイル・ナンバー・ポータビリティ？

ケータイを乗り換えることで儲けを出す？

そんなことができるのかと思って、マニュアルを開くと、「何をすればいいのかが、順番ごとに理路整然とまとめられており、その通りに実行すれば利益が出るような形になっていました！　そこで私はひと月に約50万稼ぐことができたのです！

このような感じで結果を強調した発信で「すごい！」と思ってもらうことが大切です。

数日後、徐々に企画概要の告知をしていきます。

こんばんは！みすとです！

いよいよ企画の告知です

ＭＮＰで稼げることをご存じですか？

私の今月のＭＮＰ収入のみで

16万円です。実働時間もかなり少ないです！

ＭＮＰをやって

せどり資金稼ぎに使うも◎！

収入の柱のひとつにするも◎！

出た利益で旅行に行くも◎！

家族（恋人）にプレゼントを買うも◎！

ＭＮＰをうまくやればひとりで年に100万くらいの収入増が見込めます！

ケータイショップにとっても契約を取ることができて、お店もスタッフさんも潤います。

超Ｗ－Ｎ－Ｗ－Ｎの稼ぎ方なんですよ。

価格に関しては●月●日21時に発表いたします。

10万円はほぼ確実に稼げる企画なので、ある程度の金額は検討していますができるだけ安く広くご提供できるように価格設定をしたいと考えています。

マニュアルを渡して「頑張ってね」というのが大嫌いなので購入していただいた全員が稼げるようにしっかりサポートする予定です。
●月●日21時をお楽しみに！　質問がありましたら今からでもお待ちしています！

このように、いかに今回のコンテンツに魅力があるかを伝えて、リリースの日時を伝えていきます。このタイミングで質問も受け付けます。次に質問があったことについて回答をしていきます。

MNPについてのお問い合わせが多かったので、いくつか質問をまとめておきますね！　ありがとうございます！

今、お持ちのスマホ（ケータイ）は全く使いませんので、キャリアや機種が変わることはありません。新たな回線を作って利益を出す手法をとりますのでご安心ください。

初期費用が高いのではないかという心配も多く寄せられました。

実際にはクレジットカードで決済の場合、まずは収入としてまとまったお金が入り、そこから支払いをしていくイメージです。

したがって、コンサル費用のみ最初にお支払いいただくのみになりますので、ご安心ください。一部、電源の入るガラケーを購入する可能性もありますが、1台¥1500くらいになります。

このコンサル後も継続して稼げるかという質問もありました。

現状としてはYESです。

しかし、国やケータイ会社がいつ方針を変えるかはわかりません。

去年の10月から規制が入り、稼ぐことが難しくなったと言われています。

しかし、しっかりと利益を出せるマニュアルを作りましたのでこちらもご安心いただければと思います。
まだ募集期間まで時間がありますので、
質問をお待ちしてます！

裏側を話すと質問はあまり多くは来ていなかったですが、想定されるであろう質問をあらかじめ答えて、安心感を持ってもらうための戦略です。
リリース前日にもリマインドの意味でメッセージ配信をします。

MNPコンサルの募集まで24時間を切りました。
明日●月●日21時から募集開始です！
おそらく今回一回限りの募集になりますのでお見逃しなく‼

おそらく、初めてMNPに挑戦される方も、やったことあるという方も、
ご満足いただける内容のマニュアルになってます！
この手法をマスターすれば、ずっと稼ぐことができます。
（国による規制などが入る場合もあります。だからこそ、稼げる今のうちに稼ぐべき!!）

少し強めのメッセージで、やるなら今！という気持ちを掻き立てます。

問：参加する条件はありますか？
答：ほとんどの方は無条件でクリアーしているかと思いますが、一部ケータイキャリアのブラック（支払いが滞って解約された等）になってしまっている方は、物理的に不可能な場合があります。その場合はあらかじめお伝えください。参加可能な場合もありますので、ご相談いただければ幸いです。

といった形で条件に合わない人をあらかじめフィルタリングすることも大切です。
次にいよいよリリースになります。

時間になりました！募集を開始します‼
MNPコンサルグループ
◆参加料　48，000円
◆支払い方法：銀行振込
振込手数料は購入者様負担となります。
◆申込期間●月●日　●時まで！
参加特典
◆MNPマニュアル
◆MNPコンサルグループLINEへの参加。質問はいつでも対応いたします。期間は1か月です。
◆みすとへの永久質問権（コンサル終了後のMNPサポート）
参加をご希望の方はヒアリングを行いますので、このメッセージに直接ご返信下さい。

まだ検討中という方も、一度ご連絡いただければご説明致します。ヒアリング内容によってはご参加をお断りさせていただく場合もございますので、あらかじめご了承ください。

ヒアリング終了後、振込口座をお伝えします。これほど稼ぎやすく、ノーリスクな稼ぎ方は他にありません。自信を持って皆さんにコンサル料金以上に稼いで頂きます！

個別LINEでお待ちしてます！

ここで金額などの詳細を発表して、参加を募ります。ここで最も大事なことは、締め切りの日時を明記することです。締め切りがないと購入予定の人もなんとなく先延ばしにしてしまい、結局成約に結びつかなくなります。そして翌日、もう一度アクションをかけます。

MNPコンサル募集締め切りまであと1日になりました。

おそらくですが、今後販売するかはわかりません。

もしかするとMNPで稼げる最後のチャンスかもしれません。知っているのと知っていないのでは、年収が100万違ってきます！　ぜひ、やっぱりやっておけばよかったということのないように、ご決断いただければ幸いです。質問はお気軽にお問い合わせくださいねー！

以上のような流れで、ＬＩＮＥの登録リスト顧客にセールスをしていきます。教育と販売のステップはここで終了です。

この後レスポンスのあった方にヒアリングをします。ＭＮＰの場合は住んでいる県やクレジットカードを持っているかなどを聞いて、問題なければ決済に進んでもらいます。クレジットカード決済をしたい人もいるとは思いますが、初めは銀行振込のみの支払い方法でいいと思います。クレジットカードの決済サービスは手数料がかかるため、少しハードルが高いです。

集客、そして教育、最後に販売というやり方がわかっていただけたでしょうか。ぜひ、チャレンジしてみてください。せどりやＭＮＰと並行しながら、Ｔｗｉｔｔｅｒを育てていくといいでしょう。ＬＩＮＥ公式アカウントにもチャレンジしてみてくださいね。

5章

アカウント販売（サイトM&A）をしてみる

「サイトM&A」で大きく稼ぐ

☆自分で育てたアカウントは販売できる

現在、「**サイトM&A**」というワードが少しずつ浸透してきています。M&Aとは、会社を売買することを言います。何千億円という規模の大企業から、300万円くらいの町のパン屋さんまで、いろいろな会社が売られたり買われたりしています。

そこから派生して生まれたのが、サイトM&Aです。

自分の作ったブログ、アフィリエイトサイト、ECサイトの販売アカウントなどを、会社のように売買できるのです。

メリットとしては、かなり譲渡が楽な点です。会社を譲渡するとなると、法律的な手続きを踏まねばならず、働くスタッフはそのままなのか、など色々多岐にわたる問題が生じてきます。しかし、サイトを渡すだけの場合は、基本的には売り主・買い主の契約書を締結するだけで、期日を決めて譲渡するだけなので、とても簡単です。

私はＡｍａｚｏｎで販売をするときに最終的な目標はサイトＭ＆Ａかなと考えていました。もちろん売れなければＡｍａｚｏｎで販売を続ければいいと考えていました。

また、Ａｍａｚｏｎで売るのではなく、Ａｍａｚｏｎを売るという経験は面白いネタにもできそうでワクワクしたのです。世界を席巻するＧＡＦＡの一角を売るなんて、痛快な話ではありませんか。実際に私はこのサイトＭ＆Ａに成功し、１０００万円（税引き前）近くのお金を手にしました。ここでは、どのように売っていったかをお話しします。

これはずっと続ける副業、というよりは大きくお金を稼いで、そのお金で別の投資やビジネスを行うという考え方で実践してみました。ぜひ参考になさってください。

どうやって販売するの？

☆仲介業者を使う

あなたが住み替えで家を売るとします。「家売ります！」という張り紙を出して、買ってくれる人は、おそらくいないでしょう。アカウントも同様です。よくできた世の中で、アカウントを売買する仲介業者が、実はたくさん存在します。ですので、仲介業者を使うことにしました。たくさんの仲介業者がありますので比較検討してみてください。仲介業者によって、着手金や仲介手数料が異なります。

・サイトストック　https://sitestock.jp/
・サイトキャッチャー　https://sitecatcher.net/
・サイト売買Z https://www.site-z.com/
・サイトレード https://site-trade.jp/
・サイトマ https://saitoma.com/

私が使った業者は「サイトマ」です。複数社コンタクトをとりましたが、一番反応が早く、対応が丁寧でした。

一番の決め手は「高く販売値段を付けてくれた」からです。売却したときの手数料は少し高めですが、結果私の手元に入るお金が大きかったので決めました。

Ａｍａｚｏｎのサイト売買額は幅広く、30万のほぼ何も販売してないアカウントから、９００万くらいの強いアカウントまであります。販売サイトによっても全く異なります。正直、相場があってないようなものです。

サイトマでの私のアカウントの評価額は９５０万円でした。月の売上やページビューなどのエビデンスから算出した金額でした。思ったよりも高く売れるのかもしれないとびっくりしたことを覚えています。

早期に売却したいなら、３５０万でしたら1週間以内に買い手がつくだろうと担当の談。急ぐわけではないし、本当に売れるかわからないので、９５０万で売り出すことにしました。

☆サポート込みで売る

サイトマからの提案で、アカウント販売だけではなく、「3か月の期間限定無料運営サポート」の付加価値を付けてはどうか、と言われました。買主さんが、Amazon販売をしたことがなければ、当然何もわからないまま行うのは危険ですからね。ただ売却するだけよりも売れやすいそうです。

そのときはAmazonの物販コンサルで5名生徒を抱えており、サポートは難しくはなかったので、じっくりサポートをさせていただくことを約束し、販売をお願いしました。

結果から言いますと、売り始めたのは2020年の7月で、その半年後の2021年1月に売却譲渡が完了しました。

面談は3人の方と行いました。2人は成立せず、3人目でどうしても購入したいという方がいらっしゃって、その熱意に打たれ、Amazonのアカウントをお譲りすることになりました。

本書ご購入者限定
特典のご案内！

本書をご購入ありがとうございました。
今後こちらのLINE公式アカウントより、
最新情報を配信していきますので、お楽しみに！

下記のQRコードを読み取るか
URLリンクよりご登録ください！

QRコード：

登録アドレス：

https://line.me/R/ti/p/%40296rjxsu

みすと

@myst_business　副業コンサルタント。

埼玉県生まれ。ブラック企業のサラリーマン生活を経て、2019年に独立起業。携帯電話を乗り換える「MNP: モバイルナンバーポータビリティ」で1か月に50万稼ぐ。その資金でAmazon物販を開始。スタート8か月後に月収80万を達成。2021年Amazon事業を売却。現在は副業コンサルタントとして活動中。二児の父。子どものイベントには欠かさず参加。趣味は音楽制作・相撲観戦・F-1観戦。

Twitter（https://twitter.com/myst_business）。

ひとり副業《ふくぎょう》で月《つき》13万円《まんえん》

2021年7月7日　　初版発行

著　者　み　す　と

発行者　和田智明

発行所　株式会社　ぱる出版

〒160-0011　東京都新宿区若葉1-9-16

03(3353)2835－代表　03(3353)2826－FAX

03(3353)3679－編集

振替　東京　00100-3-131586

印刷・製本　中央精版印刷(株)

ISBN978-4-8272-1282-2　C0034